COLEG LLANDRILLO COLLEGE
LIBRARY
CANC

KV-572-567

Gwneud môr a mynydd

Gwyneth Glyn
Lowri Davies
Esyllt Nest Roberts

Argraffiad cyntaf: Mai 2000

(h) *yr awduron/Gwasg Carreg Gwalch*

Cedwir pob hawl.
Ni chaniateir atgynhyrchu unrhyw ran o'r cyhoeddiad hwn, na'i gadw mewn cyfun-
drefn adferadwy, na'i drosglwyddo mewn unrhyw ddull na thrwy unrhyw gyfrwng,
electronig, electrostatig, tâp magnetig, mecanyddol, ffotogopïo, recordio nac fel arall,
heb ganiatâd ymlaen llaw gan y cyhoeddwyr, Gwasg Carreg Gwalch, 12 Iard yr Orsaf,
Llanrwst, Dyffryn Conwy, Cymru LL26 0EH.

Rhif Llyfr Safonol Rhyngwladol:
0-86381-634-7

Cynllun y clawr: Sian Parri
Llun y clawr: Bwrdd Croeso Cymru

Argraffwyd a chyhoeddwyd gan Wasg Carreg Gwalch,
12 Iard yr Orsaf, Llanrwst, Dyffryn Conwy, LL26 0EH.
☎ 01492 642031
🖷 01492 641502
✆ llyfrau@carreg-gwalch.co.uk
Lle ar y we: www.carreg-gwalch.co.uk

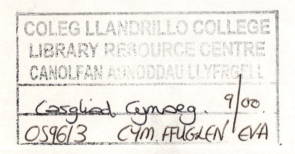

COLEG LLANDRILLO COLLEGE
LIBRARY RESOURCE CENTRE
CANOLFAN ADNODDAU LLYFRGELL

Casgliad Cymraeg.   9/00.
059613   CYM. FFUGLEN   EVA

Cynnwys

COLEG LLANDRILLO COLLEGE
RESOURCE CENTRE
CANOLFAN ADNODDAU LLYFRGELL

Cynnwys

Rhydỳch

Mistêc. Camgymeriad mae'n siŵr: '*I am pleased to inform you that you have been accepted to Jesus College, Oxford'*. Doedd rhewynt copaol yr Wyddfa ganol Rhagfyr rai oriau ynghynt ddim wedi cipio fy anadl cymaint â'r ychydig eiriau hynny. Cwmwl egotistaidd braf i arnofio arno am ychydig, yna BWM! Goleuni! Gwall dynol, ffaeledigrwydd – dyna oedd o; rhywun yn rhywle yn ystod y broses ymgeisio wedi camosod ffurflen, wedi camglywed enw, wedi camddarllen rhestr neu wedi pwyso'r botwm anghywir ar y cyfrifiadur. Neu ella fod yr hen ddiwtor oedrannus 'na wedi fy nghamgymryd i am rywun arall, rhywun deallus oedd yn gallu siarad Saesneg yn iawn, rhywun oedd yn haeddu mynd i'r un coleg â Harold Wilson a C.S. Lewis. Mistêc oedd o, ac yn hwyr neu'n hwyrach byddai rhywun yn sylweddoli hynny ac yn sgwennu llythyr arall yn deud '*we regret to inform you . . .* '. Ond tan hynny, nes bod y llythyr hwnnw yn taro llawr y gegin, ro'n i ar fy ffordd i Rydychen. Mi fedrwn smalio; mi fedrwn ddychmygu gystal â neb – a chofio . . .

Roedd 'na rywbeth ynglŷn â'r lle o'r eiliad gynta y camais o'r tacsi. Er gwaetha pwysau afresymol y cês penwythnos, fedrwn i ddim peidio sythu rhywsut dan lygad barcud yr adeiladau hynafol, bron fel tasan nhw'n gyndadau imi. Roedd 'na ryw rym anweledig yn fy nhynnu, yn rhoi dos fach gyfrinachol o hyder imi, ac wrth sefyll yng nghanol y cwrt gwelltog, hen, fedrwn i yn fy myw ddiystyru'r teimlad 'mod i'n arbennig. Arbennig o lwcus, ella.

Gwaedd sydyn o un o'r ffenestri: '*I say, keep off the grass please*'. Sylweddolais 'mod i'n meddwl yn Gymraeg

7

a bod y muriau 'ma i gyd yn siarad Saesneg efo fi, ac mi ddechreuodd 'Wylit, wylit, Lywelyn . . . ' garlamu drwy f'esgyrn. Yna, trodd y cwrt yn garchar a sibrwd y muriau yn sgrechian, ac yn lle pob wyneb gargoel carreg, pen Llywelyn welwn i a'i waed yn ceulo'n ddistaw ar y meini.

'Hi! I'm Tom and this is my friend, Deccus.' Dyma droi i wynebu dau hogyn yn gwisgo sgarffiau 'run fath yn union â'i gilydd, crwyn gwelw, gwefusau main – dim byd tebyg i Llywelyn.

'Gwyneth,' meddwn inna fel dafad, a'r hyder hynafol cychwynnol wedi hen ddiflannu. Roedd y ddau yn llawn syndod a gofid o ddeall 'mod i'n hollol ddiarweiniad a digwmpeini ar f'ymweliad cyntaf â'r coleg ac mai'r unig groeso ge's i gan y porthor oedd goriad oer fy stafell.

'Ma'n rhaid i chdi ddod am ddrinc efo ni 'ta,' meddai Tom. Swniai fel ffaith ddiamheuol a feiddiwn inna mo'i chwestiynu.

'Felly,' meddai Deccus, a'i 'dwang' Saesneg y grandia a glywais i rioed mewn unrhyw dafarn, 'pam Rhydychen?'

Mi gymerais lowciad hir o 'ngwin-gwyn-a-soda wrth feddwl am ateb. Pam o'n i isio dod yma? 'Myrraeth oedd o. Hen chwiw. Ond doedd gen i'r un syniad be oedd ''myrraeth' na 'chwiw' yn yr iaith fain, felly dyma fwrw iddi â'r hanes amdana i'n dod yma yn yr ha' efo Mam a Dad a sut y ce's fynd i Ŵyl Reading i weld y Super Furries ar yr amod ein bod yn galw yn Rhydychen ar y ffordd. Fasa'r un o 'nhraed i wedi mynd ar gyfyl y lle fel arall. Roedd sŵn y gair *Oxford* yn ddigon i godi cyfog arna i, gan ddwyn i gof ddelweddau syber: *The Oxford Dictionary, The Oxford*

Book of English Verse, myfyrwyr cefnsyth di-wên a phroffesors pydredig yn dodwy llyfrau trwchus annarllenadwy. Ro'n i'n berwi o ragfarn – ac yn falch o hynny. Mi gyrhaeddais yn barod i gasáu, ond es adra dros fy mhen a 'nghlustia mewn cariad â'r lle . . .

'*Who are your people?*' oedd yr ergyd nesa'.

Cwestiwn anghyffredin, meddyliais, ond un y medrwn ei ateb ar ei ben serch hynny.

'*The Welsh nation,*' datganais yn falch. Tagodd Deccus ar ei *Bodleian Brew.* Distawrwydd. Anghrediniaeth ddieithr. Yna eglurodd Tom mai '*rhieni*' ydi ystyr '*people*' yn y cyd-destun hwn.

Ar ôl ebychiad bach naïf, mi geisiais eto: '*Jane and Grey*'.

Wedyn mi ddechreuon nhw fwydro am ffawd rhyw Lady Jane Grey ac mi orffennais fy ngwin a dechra ffidlan efo'r bîyr-mat.

'*What are you reading?*' gofynnodd y ddau ohonyn nhw bron ar yr un pryd.

Wel, toedd o'n amlwg i bawb efo ll'gada be o'n i'n ddarllan?

'*It's a beer mat,*' meddwn yn goeglyd. Distawrwydd rhyfedd eto, cyn i Deccus ddechra piffian chwerthin y tu ôl i streips ei sgarff.

'*No,*' meddai'r llall efo tinc o gywilydd, '*what we mean is . . .* '

'O!' meddwn inna mewn ffrwydriad o ddealltwriaeth. Isio gwbod be o'n i'n ddarllan adra, fel llyfr, oeddan nhw siŵr! '*I'm reading a book called* Blodyn Tatws – *potato flower. It's quite good.*'

O'n i mor falch pan chwarddon nhw lond eu bolia. Roedd hi'n amlwg eu bod nhw'n meddwl 'mod i'n gymêr. Do'n i'm hyd yn oed wedi arfer siarad efo hogia,

9

heb sôn am hogia Saesneg, heb sôn am hogia Saesneg clyfar!

'*Excellent!*' medda'r ddau gan daro'u gwydra yn erbyn 'i gilydd yn ddefodol.

Dim ond wedyn ffendis i mai 'sdydio' ydi ystyr '*reading*'. Dim ots. Mi adewais i argraff ar y ddau 'doff' beth bynnag. Roeddan nhw un ai'n meddwl 'mod i'n ddifrifol ddwl, neu 'mod i'n eithriadol o ffraeth am allu ffugio ffolineb mor argyhoeddiadol.

Doedd 'na ddim cweit gymaint o chwerthin yn y cyfweliad fore trannoeth. Dydi Athroniaeth a Diwinyddiaeth ddim yn bynciau sy'n gofyn am hiwmor cynhenid er mwyn serennu ynddyn nhw ac roedd y corrach sychlyd, gwepsur yr ochr arall i'r ddesg yn brawf o hynny.

'Mi wnaeth eich traethawd enghreifftiol ar y llythyrau yn *Pride and Prejudice* argraff fawr arna i,' meddai'n ara' deg a ch'lwyddog mewn acen mor *far back* nes ei bod hi bron â chyrraedd ei war. Mi falais inna fy siâr o awyr ynglŷn â phwysigrwydd cyfathrebu, a chymaint o argraff y gall llythyrau ei greu.

'Pa oleuni mae'ch sylw ola' yn ei daflu ar lythyrau Paul, felly?'

Mi rythais arno fo am sbel, yn disgwyl iddo gywiro'i hun. Mae pob ffan Jane Austen yn gwybod nad oes 'na'r un Paul ar gyfyl ei gweithiau hi. Roedd yna saib rhyfedd. Mi ddiolchodd yn swta imi am ei oleuo ar y mater, cyn f'arwain o'r stafell. Dwi'm yn meddwl 'i fod o'n rhy blês fod Cymraes ifanc fel fi yn fwy hyddysg nag o yn llenyddiaeth y byd!

Aeth wythnosau heibio a dim golwg o'r ail lythyr bondigrybwyll. Aros yn eiddgar am Emlyn Postman rai dyddiau; dianc a chuddio droeon eraill. Mynd i 'ngwely'n argyhoeddedig nad oedd arna i ddim math o isio cael fy nerbyn. Methu cysgu. Deffro a phob gewyn ynof yn dynn isio byw y freuddwyd. Hunllefau cyson, gweledigaethau rhyfedd rhwng cwsg ac effro, y tiwtor sych yn sefyll ar feini'r orsedd efo neidr hir o *Morris Dancers* mewn capiau graddio yn ymgordeddu o'i gwmpas ac yntau'n traethu:

F'annwylaf Wyneth, cyndyn yw fy neges,
Serch hynny mae o wirioneddol bwys;
Ni theimlaf ichi feddu doniau Saesnes
O ddeall a thrysori pethau dwys,
Ni werthfawrogwch gyfoeth coeth ein hanes,
Gwell fyddai'n awr ymdroi a newid cwys.

Er gwaethaf aur-ddisgleirdeb eich ymennydd,
A sioncrwydd hynod eich ffraethineb ffri,
Tu hwnt i'ch hwyliog wenau, a'r llawenydd
Diflino sy'n eich canlyn chi a'ch sbri,
Mae llais pellennig enaid môr a mynydd
Ar gynnydd; galwad coleg ger y lli.

Gadewch rodfeydd athronwyr arbenigol
I'r rhai sydd â meddyliau miniog maith.
Gochelwch; diwinyddiaeth aiff i rigol
Pan gamgymerwch dro rhwng ffug a ffaith.
Awgrymaf gwrs sgrifennu creadigol
Yn Aber; llyfn a llithrig fo eich taith.

Chyrhaeddodd y llythyr ddim. Ro'n i'n dal i'w ddisgwyl y bore hwnnw y dywedais 'ta-ta' wrth fy llofft a'r cathod nad o'n i wedi cymryd fawr o sylw ohonyn nhw rioed, a'r ardd a gymerais yn ganiataol ers fy ngeni. Tasa Mam heb fynnu cychwyn 'ben ben bora' mi fuaswn wedi cusanu pob wal, pob coeden, pob gwelltyn, oherwydd am y tro cynta yn fy mywyd, a 'mywyd yn dwt mewn bocsys *Habitat* yn y car, mi wawriodd arna i gymaint dwi'n caru fy nghynefin. Roedd o'n deimlad annisgwyl o ystyried mai teithio ac anturiaethau i fannau dieithr ydi fy nghâr mwya. Ac eto, y bore hwnnw, mi fuaswn wedi rhoi unrhyw beth am gael aros yn Llanarmon am byth, byth, heb fyth weld lliw yr un ddinas na choleg na'r un wlad bellennig. Dwi'n meddwl mai ofn oedd o. Nid ofn na fedrwn i fyw oddi cartra ond ofn y gallai Llanarmon oroesi hebdda i. Sylweddoli mai fi oedd yn teimlo'n ysbrydol sownd i'r lle ac y basa Llanarmon yn union yr un fath tasa Gwyneth Glyn heb fod erioed. Che's i ddim hyd yn oed droi 'mhen i gymryd cip olaf ar y rhododendrons a'r coed mwnci mud oherwydd ro'n i wedi 'mhacio fel sardîn yng nghefn y car – dwfe ar fy nghlin, gitâr wrth fy wyneb a lwmp yn fy ngwddf – wrth i Mam wibio â ni i lawr y dreif 'inni ga'l osgoi'r *spaghetti junction*'. Roedd *'She's Leaving Home'* y Beatles yn gafael fel gelen ynof yr holl ffordd, ond dwi'n meddwl imi adael rhyw ddarn hanfodol ohonof fy hun dan goeden eirin yn y winllan, rhag ofn iddo fo fynd ar goll yng nghanol yr holl lyfra a'r holl Saesneg 'na . . .

'*Name?*' gofynnodd y porthor llwyd efo hyder rhywun oedd yn gwneud hyn am y milfed tro.

'Gwyneth Glyn Evans,' meddwn, gan geisio swnio yr un mor siŵr o 'mhetha.

'*Evans, Evans, Evans* . . .' mwmiodd gan hofran uwch ei restr, '*I can't see an Evans here.*' Roedd o mor bendant nes gwneud i rywun ama ei enw ei hun.

'*I might be under* ji *for* Glyn – ji-el-wai-en.'

'*Glyn, Glyn, Glyn, Glyn, Glyn . . .* ' medda fo wedyn gan daflu golwg sydyn dros fy ysgwydd ar y rhesaid o lasfyfyrwyr glanwaith oedd yn prysur dyfu y tu ôl i mi. '*Not a Glyn in sight either, I'm afraid.*' Panig. Camgymeriad. Mistêc oedd o wedi'r cwbwl. Oedd o werth un cynnig olaf?

'*Philosophy and Theology . . .* ' baglais, 'Gwyneth Glyn Evans . . . *staircase nineteen?*'

'*We have no staircase nineteen. Which college do you think this is?*'

Chwys oer. '*Jesus,*' meddwn yn betrusgar gan weddïo am achubiaeth. Ysgydwodd ei ben a sbio dros ei sbectol yn smyg.

'*This is Exeter College. Jesus is directly opposite. Next!*'

Mi fasa diflannu wedi bod yn bêr ond che's i ddim dianc cyn clywed chwerthin ceg-ar-gau y clôns addysg breifat yn chwyddo'n donnau ar f'ôl.

* * *

Bedair awr yn ddiweddarach, yn fy siwt *Jigsaw* foethus (yr unig dro hyd heddiw imi wisgo'r gnawas), ro'n i'n teimlo fel un o westeion yr *Ambassador's Reception* wrth gamu i mewn i gyntedd godidog tŷ'r prifathro, ond rhagorai popeth ar yr hysbyseb chwerthinllyd. Dylifai pob cornel o chwaeth ac antîcs. Ymddangosai'r gwesteion eraill yn ddysgedig a difyr, a doedd yr un *Ferrero Rocher* ar gyfyl y lle – o be welwn i – ond roedd yna ddyn bach yn prysur fynd o gwmpas pawb efo hambwrdd arian a hwnnw'n orlawn o wydrau sieri. Sganio'r stafell. Gwalltiau glân. Dillad da. Ogla sgidia newydd a phersawr cynnil, a phob sgwrs yn berwi o falchder ac uchelgais. Fi! Be fasa gen *i* i'w ddweud?

Ond yn bwysicach na hynny, sut gebyst fuaswn i'n 'i ddeud o, a 'ngafael ar yr iaith fain yn llithrig fel llyffant? Mellten i'm goleuo! Siarad iaith ddieithr yn rhugl? Cofio fy hun ryw oriau mân mewn llesmair yn ninas Prâg un tro, a'm cael fy hun yn patro Ffrangeg fel brodor, tybiwn. Ia, sieri . . . Ble'r oedd y wetar? Dal ei lygad a'r hambwrdd yn wledd o 'mlaen. I lawr y lôn goch ag un a'r wetar bach yn codi'i aeliau gwynion.

'*I'll have another if I may.*' I lawr â hwnnw'n felys ac i ffwrdd â mi i finglo.

Ar ôl cael yr un sgwrs ystrydebol efo tri chemegydd a dau hanesydd – Be ti'n stydio? O le ti'n dod? Ar ba risia wyt ti'n byw? – dyma daro ar gynllun eistedd y pryd bwyd oedd i ddilyn. Chwilio'n ddyfal am G.G. Evans. Dim golwg o'r enw. Camgymeriad? Mistêc?

'*Oh look, Gwyneth,*' meddai un o'r cemegwyr, '*you're sitting on the top table – right next to the Principal!*'

Trodd y siwt yn arfwisg ddur amdanaf wrth imi weld ei fod yn deud y gwir. Cyn imi allu amgyffred y peth, seiniodd gong anferthol yn fy nghlust a chlywais yngan y geira tyngedfennol, '*dinner is served*'. Llwyddais i lowcio dau sieri arall o hambwrdd hael y wetar bach; '*wish me luck!*' meddwn, a hwylio am y stafell fwyta ogoneddus.

Ro'n i'n teimlo fel morwyn briodas yn cael eistedd ar y top-tebyl, ac mi ge's eitha sioc o weld y wetar bach yn eistedd wrth f'ochr yng nghadair y prifathro. Mae'n rhaid mai c'nesu'r sedd ar 'i gyfer o mae hwn, meddyliais, oherwydd mae'r lle 'ma'n orlawn o draddodiada hurt.

'*Chablis?*' cynigiodd y wetar. Chwara teg iddo fo. Derbyniais yn ddiolchgar.

'*Go on, fill it up before the principal gets here, then I'll have another.'* Arllwysodd gyda gwên. Roedd fy mhen yn ysgafn a 'nhafod yn llac. *'So what's he like then, the Principal? Is it true he's a bit of a tyrant?'*

'Forgive me, I should have introduced myself . . . '

'Shit!' Tagais ar fy *Chablis.*

Chyffyrddais i yr un defnyn o'r *Claret* na'r *Asti* wedi hynny. Ro'n i hyd yn oed yn betrus o'r *rum truffle torte.* Fwytais i rioed cyn daclused na chyn arafed. Ro'n i'n clustfeinio ar bob gair ddeuai o enau'r goruwch-athro wrth f'ochr. Holais yn deg, atebais yn daclus; y digrif a'r difrif, y llon a'r lleddf. Roedd y sgwrs yn gydbwysedd berffaith. Teimlwn ym mêr fy esgyrn y byddai'r ddau ohonom yn fêts am byth.

Sychodd ei geg yn ofalus â'i napcyn a chodi ar ei draed. Cododd bawb fel can adlewyrchiad ufudd. Cododd ei wydryn: *'To her majesty the Queen,'* cynigiodd. Ategodd pawb fel cerrig ateb.

'Cwîn flin dau dwll din, un i gadw siwgwr a'r llall i gadw crîm,' meddwn inna gan lowcio'r *Asti* melys.

'Mae Nant Gwrtheyrn yn hyfryd ar diwrnod braf,' meddai'r prifathro yn llugoer.

O! am fod yno fy hun y funud hon, meddyliais . . . neu yn Llithfaen . . . neu hyd yn oed ar gopa'r Wyddfa yng nghanol rhewynt Rhagfyr.

Gwyneth Glyn

Meinir

Yn ddiweddar, yng nghanol y gwaith o adnewyddu un o adeiladau hynafol Nant Gwrtheyrn, daethpwyd o hyd i gyfres o gerddi galarus gan awdur anhysbys. Mae dyddiad y gwaith yn parhau'n ddirgelwch, ond cred ambell un mai cynnyrch un o gymeriadau chwedlonol y Nant yw'r penillion. Dyma stori Meinir . . .

I beth yr af i drosi
Dy eiriau yn fy mhen,
A blasu'th gusan boenus
Dan ramant lleuad wen?

I beth? Ac i bwy? Ac eto, dal i wneud hynny'r wyf. Dal i ganu cân na all neb ond adar mân y goedwig ei chlywed yn eu cwsg a'r gwdihŵ ei gwrando. A'i gwrando. A byth ei deall na dirnad brath y geiriau rwy'n eu barddoni'n barhaus, dim ond dyfalu'r tinc galarus yn y dôn. A dychmygu. Ond dyma fy nghymdogion, fy unig gyfeillion. Adar y goedwig a'r gwdihŵ. Rwy'n ei galw'n gwdihŵ am fod 'na swyn arbennig yn sŵn y gair sy'n fy nghyfareddu, fy nhawelu. Yn wahanol i'r dylluan sydd fel petai'n tyllu ogof anghynnes a diangen o greulon yn llonyddwch distaw fy meddwl wrth ei ynganu. Tylluan. Hen air hyll na ellir ei adrodd heb ystum annifyr. Un o'r geiriau y byddaf yn osgoi eu defnyddio bellach, os oes modd gwneud hynny. Llawer gwell yw'r gwdihŵ. Nid fod y gwdihŵ ei hunan yn gwybod nac yn hidio ym mha fodd yr wy'n cyfeirio ati, nac yn deall. Gwell ganddi hi ganolbwyntio ar syllu'n bell i berfeddion y nos a hela'r llygod diniwed i lenwi ei chylla a'i diwallu.

Ac yng nghanol y natur fawr honno yr wyf innau'n byw, neu'n bodoli, gydag adar y goedwig a'r gwdihŵ, heb i neb sylwi. Y goeden hon yw eu cartref a'u cysgod, y goeden sy'n gell i minnau. Nid ydym o'r un anian nac o'r un byd ond maent yma'n gyson ac yn gysur imi, yn gysur am eu bod yma'n trigo a threngi. Cenhedlaeth ar ôl cenhedlaeth ar ôl cenhedlaeth o'm cwmpas ond yn greulon yn eu gallu i fedru dianc a dychwelyd yn ôl eu mympwy. Yn atgof cas o flas syml rhyddid. Y blas hwnnw na ellir ei werthfawrogi'n llawn cyn ei golli, a galaru, ac felly mae mwy na dieithrwch geiriau rhwng yr adar mân a minnau; mae mwy na hynny rhwng y gwdihŵ a mi. Mae bwlch o dragwyddoldeb na ellir ei groesi na'i oroesi. Ac felly, am na fedraf wneud dim arall, dim i ddifyrru liw nos pan fo'r düwch yn f'atal rhag parhau â gwaith y dydd o syllu – ar yr adar mân a'r rhedyn, ar flodau'r goedwig a chraig Gwrtheyrn – beth arall sydd ar ôl? Ac ar noson olau o leuad wen, dwi'n methu peidio â throsi dy eiriau yn fy mhen.

I beth yr af i gofio
Cyfrinach gyfrin dau,
A hud hen addewidion
Yn felltith greulon, gau?

Wn i ddim chwaith pam rwy'n gorfodi fy hun i gofio, gorfodi fy hun i frifo ac ailagor hen greithiau'n glwyfau byw. Gan na fedraf beidio bellach, am wn i. Am y buasai hynny gystal â gwadu, a meddalu'n golygu maddau, a minnau'n methu.

Bûm yn ddiniwed ddwl ac fe fûm mewn cariad. Nid arnat ti mae'r bai am hynny, Rhys. Y cwbl wnest ti ar y dechrau oedd fy nenu. Y cwbl wnes innau oedd gwirioni. Fel unrhyw hogyn a hogan arall ar ben eu digon, a gallaf faddau peth felly. Bûm yn ddigon dall i lyncu'th holl syniadau, yn rhy swil i gwestiynu nac i amau, nid am fod unrhyw synnwyr i'th eiriau ond gan fod swyn yn eu sŵn am mai ti oedd yn eu dweud. Dysgais fod y blodau'n gwywo a marw gyda'r nos a threuliais sawl prynhawn yn casglu degau o wahanol fathau cyn i fachlud haul eu lladd a'u gwywo. Ac yna sylweddolais mai dim ond cysgu yr oedd y blodau. Teimlo fel llofrudd a methu maddau. Dysgais fod y coed yn crio dan rith cadarn y rhisgl a'r mochyn daear yn diflannu i berfeddion y pridd ar ôl tyllu bedd ei angau ei hun. Dysgais lawer o rwts felly a'i gredu, bob gair, am mai ti, Rhys, oedd yn fy nysgu. Ac rwy'n maddau hynny hefyd. Nid oedd yn ddim mwy na hogan yn gwirioni ar eiriau cariad.

Pwy fasa'n meddwl bod creigiau'n caledu efo amser, efo oed? 'Ond maen nhw 'sti, 'tawn i'n marw'r funud 'ma!' meddet ti unwaith ar ôl imi ddysgu'r manylion, dod yn rhan o'r cylch cyfrin. Ers talwm buaswn innau wedi wfftio ar rywun yn eu rhaffu nhw ac yn mwydro am bethau dibwys y byd, wedi dy wawdio a'th frifo, ond gwrando wnes i y tro hwnnw ac ymddiddori. Gwirioni. Am mai ti, Rhys, oedd yn adrodd y stori. Am mai ti oedd y cyntaf i rannu pob cyfrinach â mi. A dyna sut y deuthum i wybod fod creigiau'n caledu fymryn bach bob dydd. Dwi'n gwybod gan mai chdi ddywedodd wrthyf i a dweud 'cris-croes-tân-poeth' a gwenu, a dwi'n cofio bod yr holl beth wedi fy syfrdanu bryd hynny. Nid y 'cris-croes-tân-poeth' ond y creigiau. Gan fod craig yn beth caled cyn cychwyn. Nid cyn cychwyn y graig, wrth reswm, gan nad oedd y graig yno bryd hynny, yn ddim mwy na gronyn dan draed, os o gwbwl, ond cyn iddi ddechrau – cyn i'r graig fagu oed ac amser i fentro caledu.

'Felly, fe all caledwch galedu?' holais innau, wedi drysu'n lân yn niwl diniweidrwydd gan geisio gwneud synnwyr o'r holl beth. 'Oes 'na'r fath beth â graddau o galedwch mewn creigiau?' Hanner holi, hanner pryfocio.

'Oes siŵr,' meddet tithau'n sur a braidd yn swta gan ddechrau colli'th amynedd prin yng nghanol yr holl gwestiynau. 'Oes,' meddet ti wedyn, 'oes' llai blin, 'oes' drachefn, yn llawn cariad mewn llais melfed gan yrru gwên o un glust i'r llall yn syth at fy nghalon.

'Cris-croes-tân-poeth-torri-'mhen-a-torri-'nghoes.' Pwy fasa'n meddwl.

Wyddwn i ddim gwell bryd hynny a dwi'n maddau iti ac rwy'n diolch iti i raddau am gyflwyno byd hudol, arallfydol na wyddwn i ddim amdano cyn i ti fy nhywys yno. Wn i ddim a oedd ots gen i o gwbl p'run ai creadigol ynteu celwydd oedd dy straeon. Y cwbl wyddwn i oedd y ffaith eu bod yn hudol ac felly roeddwn yn barod i wrando. Dim ond llyncu geiriau cariad heb gwestiynu ac addo'n gyson mynd i eistedd yn y rhedyn i wylio craig Gwrtheyrn yn caledu. A methu.

Ond hen gnawes greulon yw ffawd. Rwyf yma'n gaeth yn gwylio'r canrifoedd yn ymlusgo heibio ac yn gwybod yn well erbyn hyn, yn gwybod ar ôl callio, ar ôl gwylio craig Gwrtheyrn yr un mor llonydd â minnau a sylweddoli mai fi sy'n caledu, caledu'n ddyddiol a chwerwi.

Petawn wedi byw i fod yn gant a deugain mae'n debyg na fuaswn byth wedi eistedd yng nghanol y rhedyn. Dim ond eistedd er mwyn teimlo. Teimlo

dannedd diniwed y dail yn brwsio blew fy nghoesau
a chosi, a phryfed bach y pridd yn pigo, gwingo dros
fodiau fy nhraed a diflannu'n ddigywilydd dan fy
fferau i guddio. Dim ond eistedd i wylio. Gwylio mân
brysurdeb y pryfed a'u campau ar fy nghoesau. Eistedd
yn y rhedyn i wylio'r creigiau.

I beth yr af i deimlo
Hen gweryl a fu gynt,
A goddef brath y chwedl
Sy'n wylo yn y gwynt?

Ond teimlo'r wyf a chofio. Dwi'n cofio, Rhys annwyl,
fel na fedri di byth anghofio. Fel na fedri di
anwybyddu'r hyn sy'n dy fwyta'n fwy ffyrnig na'r holl
gynrhon sy'n gloddesta ar gnawd dy gyfrinach mewn
llecyn unig yng nghornel y Llan. Fel na fedri di wneud
dim ond gwingo yng ngweddillion dy groen wrth i
fwseidiau o ymwelwyr a cherddwyr a dysgwyr a
haneswyr o bob cwr o bob man ddod i berfeddion y
Nant i dy bitïo, i dosturio, i gydymdeimlo, i ramantu
am garwriaeth a fu'n gelwydd noeth ar ddiwrnod
poeth yn yr haf â'u brechdanau a'u camerâu. Fel na
fedri di ymdrybaeddu'n llawn yn hynny, er cymaint yr
hoffet ti orwedd yn hedd hunangyfiawn dy statws
arwrol, chwedlonol a mwynhau. Fel na fedri di byth
wneud hynny. Dwi'n cofio.

Rwyt tithau'n sylweddoli nad fi yw'r unig un ac mae
hynny'n dy boeni. Mi wn i hynny. Efallai na ŵyr y rhai
sy'n heidio i'th ymyl i'th hanner addoli, gan iti
unwaith, yn ôl yr hanes, oddef torcalon cysurus. Efallai
na ddônt hwy na'u plant fyth i wybod y gwir ond fe wn
i ac fe ŵyr y Nant. Fe ŵyr yr adar mân a'r gwdihŵ. Fe

wŷr y gwynt sy'n chwythu'r chwedl trwy ddail y coed lle'r wyt ti'n cysgu celwydd, a gyrru'r gwir ymhell dros donnau'r môr. Fe wŷr Gwrtheyrn ac fe wn innau, er fy mod ar brydiau'n amau . . .

Weithiau, dim ond weithiau, ar ddiwrnod llethol o lonydd a'r gwynt yn cuddio'n swil y tu ôl i graig Gwrtheyrn, byddaf yn dechrau poeni. Poeni fod y sibrwd yn tawelu, poeni na fedraf wneud coblyn o ddim i atal hynny ac yna, bob tro yn yr un modd, byddaf yn sylweddoli. Oherwydd ar ddiwrnod llonydd felly a dail y coed wedi darfod gwingo ar ddibyn pob cangen am y tro, gallaf weld trwy frigau'r goedwig draw tua'r traeth. Gallaf weld y môr a throsto i bellafoedd Porth Dinllaen a'r Penrhyn, a chofio drachefn am ddyddiau o grwydro dros yr Eifl, draw i Landudwen, a dawnsfeydd a ffeiriau a chariadon yn Nefyn. Hyd yn oed bryd hynny, ar ddiwrnod llonydd a swrth pan fo gwynt tawel Gwrtheyrn yn chwarae mig efo'r tonnau, fe fydd rhyw sisial slei yn y môr yn sibrwd, yn rhannu cyfrinach, a hynny dan ei gyfarwyddyd.

Mae'r môr o'r un anian â thi, Rhys – byth yn llonydd, llyfn nac yn cau ei lygaid yn dynn a chysgu'n dawel fel dŵr y llyn. Hyd yn oed pan fo'r awel yn ddim, bydd y môr fel petai rhywun wedi gollwng cant a mil o gerrig mân ar ei orwel gan yrru iasau i lawr ei gefn yn syth at y traeth, fel saeth. Dro ar ôl tro ar ôl tro ac felly rwy'n cofio, Rhys, fel na fedri di byth anghofio.

I beth yr af i brofi
Hen glwyfau dyfnion hyll,
A deffro hen bechodau
Sy'n cuddio yn y gwyll?

21

Am mai'r atgofion yw'r unig bethau y gallaf eu profi bellach, er mor atgas yw'r rheiny. Yr atgofion sy'n peri fy mod yn chwerwi ddydd ar ôl nos ar ôl dydd. Buasai peidio â phrofi a blasu ing y gorffennol eto ac eto yn golygu peidio â bodoli, a bradychu. Ond fe wyddost ti'r cyfan am hynny, Rhys. Rwyt ti'n deall beth yw brad i'r dim a minnau'n adnabod ac yn dioddef brath ei ganlyniad, er nad wyf yn ei ddeall. A dyna sydd bellach yn fy mwyta fwyaf wrth rygnu bod ym moncyff hen goeden sy'n gell ers cyn cof. Pam, Rhys? Pam? Pe gwyddwn pam, efallai y buaswn innau'n dawel ac yn fodlon fy myd; efallai y buasai modd imi'th adael dithau i orwedd mewn heddwch o'r diwedd. Ond pam, Rhys? Pam?

Rhys annwyl, wna i byth anghofio'r diwrnod anhygoel hwnnw a minnau ar ben fy nigon, fel unrhyw ferch ifanc mewn gwisg wen ar fin priodi. Y Nant werdd yn fendigedig, yr heulwen uwchben Llithfaen yn gwenu'n grasboeth a blodau gwyllt y goedwig a grug llechweddau'r Eifl yn goron ar fy mhen, a minnau'n dywysoges dlos ac yn ferch y werin wedi llwyr wirioni. Petai'n rhaid neu beidio, byddwn wedi rhoi fy mywyd droeon i ti y diwrnod hwnnw, wedi rhoi'r cyfan heb ystyried am ennyd. Ac felly, yn sicr fy myd a sŵn chwerthin ifanc yn ffarwelio yr euthum yn ysgafndroed i chwarae gêm fy holl gyfeillion. Canu penillion a miri'r cuddio a'r herio hwyliog a'r holl sbri cyn sobri o ddifri a phriodi. Dy briodi di, Rhys – neb arall yn y byd i gyd yn grwn.

Wyddwn i am ddim bryd hynny ond am wynfyd ieuenctid a chynhesrwydd dy gariad. Ei sgrialu hi draw am y goedwig dan wenu a'r deiliach crin a'r drain yn brifo dim dan draed wrth imi redeg a rhedeg a rhedeg drwy'r coed, anghofio oed a godrau'r ffrog briodas yn glyd yn fy nwylo rhag iddi lusgo hyd y llawr, a'm coesau noethion yn rhydd i ddringo. I ben craig Gwrtheyrn, i aros, i wylio. Ac yna, o'r graig, gwelais yr union le i guddio ac i guro'r gêm a gwenais eto. Wyddwn i ddim bryd hynny, a phe gwyddwn, fyddwn i byth, byth wedi mentro.

Bu'n oriau, yn ddyddiau cyn i neb sylweddoli a minnau'n gaeth heb fedru symud blewyn a'r newyn yn prysur gnoi fy mherfedd, yn rhybuddio fod y diwedd yn nesáu. Blodau'r goedwig a'r grug ar fy mhen yn dechrau gwywo a chrebachu a gwynder newydd fy ngwisg arbennig yn melynu â'r dagrau wrth imi wylo. Wylo ac anobeithio a'm hunig obaith, sef y byddet ti, Rhys, trwy dealltwriaeth dau yn darganfod ymhle yr oeddwn, yn dechrau diflannu. Yn prysur gilio er imi alw arnat, galw, crefu a brefu fel anifail yn methu dianc o ddrain. Ond fel petai i ateb gweddi, fe ddaethost ti. Fe ddaethost i'm hachub a minnau'n methu yngan gair i'th ddenu erbyn hynny oherwydd gwendid. Ond yna, fel petaet yn profi nad rhyw rith neu lith mewn chwedl fu'r cariad rhyngom, dyma ti'n troi at y goeden, troi ataf a minnau'n gwenu, yn sirioli. Ac yna'n sylweddoli. Wrth iti edrych i fyw fy llygaid am y tro olaf, wrth iti edrych i fyw fy llygaid mewn modd na wnaethost ti erioed o'r blaen wrth garu, a thrwy fy llygaid a'm holl obeithion, i berfeddion tywyll boncyff y goeden. A hynny fu. Cyn iti droi draw am y tro olaf a'm gadael i bydru. Ac felly, wyt ti'n synnu? Wyt ti'n synnu mewn gwirionedd fy mod yn dal i ganu penillion trist o gefn fy nghell? Ac wyt ti'n synnu, ar noson olau o leuad wen, mai'r unig beth y gallaf ei wneud yw trosi'th eiriau yn fy mhen?

I beth yr af i drosi
Dy eiriau yn fy mhen,
A blasu'th gusan boenus
Dan ramant lleuad wen?

Lowri Davies

Pan fo seren . . .

Taniodd llygaid Jabez Hughes pan glywodd y glec. Cododd ei ben yn sydyn a thynnu'i drwyn pigfain o'r soser wydr werthfawr ei chynnwys a ddaliai'n dyner yng nghrud ei law chwith. Treiddiodd ei lygaid eirin tagu bychain drwy'r silffoedd o drugareddau gwydr oedd o'i flaen – yn wyrthiol heb ddryllio dim. Roedd yn gas ganddo gael ei styrbio. Bron na ellid clywed ei ymennydd yn ffrwtian yng ngwres ei wylltineb. Trawodd y wialen fechan a oedd yn ei law dde ar y fainc bren o'i flaen a'r ergyd yn adlais i'r glec fyddarol a ddaeth o'r gegin uwch ei ben. (I'r glust anwyddonol o anastud, doedd y glec ddim yn un fyddarol a dweud y gwir, ond i Jabez Hughes a oedd ar fin baglu ar draws rhyw ddarganfyddiad byd-ysgytwol, roedd hi fel gordd yn rhwygo'r meddwl ac yn ymyrryd yn affwysol â dwysedd y canolbwyntio.)

Gosododd y soser wydr yn ofalus ar y fainc a'i gwthio i bellter diogel gyda dau uwdfys a bodiau main. (Ymdebygai'r bysedd hyn i bâr o efeiliau garan gron – y math a ddefnyddir gan wyddonwyr i ddal tiwbiau ac yn y blaen.) Sychodd ei ddwylo esgyrnog ar fynwes ei gôt wen stremplyd a rowlio'r gadair uchel ar olwynion gryn bellter oddi wrth y fainc. Yna, cododd ei freichiau yn ddramatig i'r awyr fel pe bai ar fin esgyn i'r entrychion pell neu foesymgrymu gerbron eilun a bloeddio'i ymserchiadau ato.

Ond yn hytrach na bloeddio, chwythodd Jabez Hughes res o fytheiriau pathetig o anwrol a di-sail: 'Yr-hen-hulpan-flêr-wirion-yn-malu-'mhetha-i'n-grybibion-heb-feddwl-'mod-i'n-gorfod-crafu-a-chynilo-i'w-chadw-hi,-llancas,-mewn-drudfawr-bethau'r-byd-tra'i-

bod-hi'n-byw-fel-brenhinas-ar-f'ychydig-foddion-byw-
inna-fel-tasa-gin-i-ddigon-wrth-gefn-i-gadw'r-byd-a'i-
gŵr-mewn-cotia-ffyr-tan-Sul-y-Pys,-a-sôn-am-ddillad,-
does-'na'm-digon-o-wehyddion-yn-y-byd-i-fodloni-
anghenion-madam-am-ddilladach-a-rhyw-hen-rwtsh-
felly,-heb-sôn-am-eurycha-i-neud-rhyw-ffigiarins-
clustia-a-modrwya-ar-'i-chyfar-hi-nes-'i-bod-hi'n-
tincian-fel-rhyw-jipsan-rad-rownd-lle-'ma,-ond-dyna-
fo,-tydi-hi-'di-arfar-bod-fel-ceffyl-sioe-ar-lwyfan,-ond-
tydi-hynny-ddim-yn-esgus,-yn-lle-'i-bod-hi'n-gwario'r-
punnoedd-prin-ma'-hi'n-gael-gin-i-at-'yn-cadw-i-
brynu-bwyd-iawn-inni-yn-lle-'mod-i'n-gorfod-crafu-
rhyw-goes-gywan-byth-a-beunydd-a-thagu-ar-rhyw-
rual-gwaelod-bwcad.-Gwraig-wir,-ma'-hi'n-fwy-o-faen-
melin-am-wddw-rhywun-na-mam-yn-nghyfraith-
biwis-a-hollol-anabal . . . '

Diweddglo braidd yn ddianrhydedd a gafwyd
i'r galarnadu drwy gyfrwng rhyw bŵl o wichian
plentynnaidd, ond ymdoddodd y sŵn yn ddim i mewn
i'r tiwbiau a'r poteli a warchodai Jabez Hughes fel
milwyr bach gwydr ar y pedair wal o'i amgylch.

Rhoddodd dychymyg Jabez gorcyn ar bob tiwb a
photel. Gwelai yn ei feddwl diwrîn hardd neu hen blât
cig porslen drudfawr yn deilchion ar lawr teils coch
y gegin, a Gwynfyd yn rhyw how-glirio'r llanast
rhywsut-rhywsut gyda'i shefl ludw gan ofni maeddu'i
dwylo neu ddryllio ewin caboledig yn y shwrwd mân.
Byddai'n siŵr o adael darnau ar ei hôl ac fe fyddai'r
rheiny'n crafu dan ei hesgidiau gan gripio'r teils nes
bod eu hwynebau'n we pry cop o sgriffiadau tryloyw.
Ond a dweud y gwir, mae'n debyg nad oedd fawr o
raen ar y teils coch bellach p'run bynnag, yn graciau i
gyd a'r rhychau'n llawn baw y blynyddoedd gyda

seimiach a briwsion wedi cacennu yma ac acw. Rhyw hen bethau a ddeuai o'u lle gydag amser oedd teils fel hyn – yn cael eu codi gan y llawr pridd oddi tanynt ac yn ymwthio'n wrymiau pantiog anwastad.

Doedd fawr o raen ar Gwynfyd bellach chwaith, tybiodd Jabez. Mae'n debyg ei bod hithau, fel y llawr teils coch, yn graciau i gyd a rhychau ei chroen yn llawn baw. Bu ei chorff, unwaith, yn lluniaidd hardd, ond mae'n siwr ei fod yn wrymiau pantiog blonegog bellach am nad oedd Gwynfyd yn edrych ar ei hôl ei hun ac wedi esgeuluso'r hen Wynfyd, yn union fel ag yr oedd hi wedi – ac yn – esgeuluso'i hannwyl ŵr. Ond mewn gwirionedd, ni wyddai Jabez sut olwg oedd ar ei wraig. Bu'n rhy brysur i boeni am ryw betheuach dibwys megis ei chyflwr hi ers rhai blynyddoedd.

Rholiai'r tybiaethau fel rîl ffilm drwy feddwl Jabez Hughes cyn i hisian trwyth ferwedig dorri ar rediad ei feddyliau a dod ag ef yn ôl i fyd go iawn ei labordy clyd. Yn gyfeiliant i'r hisian ffyrnig clywodd sgrechian y shwrwd ar y teils coch dan draed Gwynfyd yn y gegin uwchben. Gwynfyd! Gwynfyd! Pa waeth poeni am Gwynfyd? Doedd hi'n poeni dim amdano fo!

Llusgodd ei fysedd drwy ei wallt gwymon blêr a'i gribo'n gudyn i gefn ei ben, fel tusw o blu ar gorun crëyr glas. Gwynfyd wir. Adfyd debycach!

* * *

Hymiodd Gwynfyd Hughes yn dawel wrth ymestyn am yr ysgub o'r briws. Doedd wiw iddi darfu ar Jabez, yn enwedig rŵan ac yntau – yn ôl ei floeddiadau drwy ddrws cadarn y seler ben bore ddoe – ar ganol campwaith gwyddonol arall. Dechreuodd ysgubo'n fân

27

ac yn fuan i gyfeiliant y gân, fel Ulw Ela, meddyliodd, ond gwyddai Gwynfyd yn ei chalon na ddeuai'r un tywysog golygus ar gefn ei geffyl gwyn i'w hebrwng hi ymaith o glyw yr holl hefru a ddeuai'n ysbeidiol o'r seler. Oedd, roedd clegar Jabez yn waeth nag achwyn holl chwiorydd hyll y byd gyda'i gilydd.

'Pe bai ddoe yn 'fory, gwn
Y byddwn 'mhell o'r adfyd hwn,
A phe bai 'nghalon fach yn glir
Mi fyddwn hebot, ar fy ngwir . . . '

Meddai Gwynfyd ar lais hudolus. A dweud y gwir, roedd o'n llais lledrithiol, yn llais a fyddai wedi medru swyno Philistiad angherddorol taeraf y byd ac argyhoeddi unrhyw glust dôn-fyddar fod mwy na sŵn mewn cân. Ond nid ei hudlath hi a gyneuodd y sêr yn y nodau – y nodau a glywid yn nhai opera'r byd flynyddoedd yn ôl; nid ei dewiniaeth hi a gyfareddodd yr holl wrandawyr awchus, boed yn ysgolheigion ac arbenigwyr cerddorol, yn newyddiadurwyr barnboeth, neu'n ddim ond gwrandawyr oddi ar y stryd. O na, campwaith yr anfarwol Jabez Hughes, ffisigwr natur, crëwr delfrydau a saernïwr perffeithrwydd oedd peraidd lais Gwynfyd.

Yn y dyddiau hynny pan lanwai nodau Gwynfyd neuaddau mawrion y byd i'w hymylon, ni fynnai Jabez wingo'n wylaidd oddi wrth unrhyw sylw na chanmoliaeth hael. Onid ydoedd, chwarae teg, yn haeddu'r clod a'r enwogrwydd ar ôl dewino'r ffasiwn hyfrydlais? Teimlai fel Gwydion, ac oni ddylai ei orchest yntau hefyd gael ei chofnodi a'i chadw ar femrwn cof dynoliaeth, er mwyn i bawb ddod i wybod am Fabinogi Jabez Hughes?

Ond roedd elfennau anesboniadwy yn y chwedl hon hefyd; dirgelion tywyll na fynnai Jabez ar boen ei fywyd eu datgelu i'r newyddiadurwyr busneslyd. Fe saethwyd y cwestiynau ato'n ddi-baid, ond llwyddai'r dewin main i'w hosgoi â rhyw allu anghyfeillgar a ddeuai'n ail agos iawn i gyfrwystra Siôn Blewyn Coch. Caed cwestiynau diflas megis 'Pa fath hyfforddiant yr oedd o, Jabez Hughes, wedi ei ymarfer wrth addysgu Gwynfyd?' neu 'Sawl blwyddyn a dreuliwyd yn hyfforddi cyn cyrraedd y fath safon o berffeithrwydd?' Caed hefyd gwestiynau a oedd wedi eu paratoi'n drylwyr a chryn waith ymchwil a meddwl dwys y tu ôl iddynt, yn amlwg: 'Oedd ymarferiadau lleisiol Gwynfyd wedi eu seilio ar hen dechnegau Cymreig a arferid gan gantorion gwerin a cherdd ddant yn nyddiau Dafydd ap Gwilym?' a 'Sut yn y byd y llwyddwyd i efelychu seiniau'r delyn deires yn ystod lleisiol Gwynfyd?' Ac yn ddieithriad ynghanol yr holi caed cwestiynau a gosodiadau cwbl astrus a phenffrwydrol: 'Onid ydi o'n wir mai gyddfolchiad boreol o gennin a rwdins hylifol a fu o gymorth amhrisiadwy i Gwynfyd yn ei ddyddiau cynnar o hyfforddiant?' neu 'Ai canlyniad ymgyfeillachu brwd rhwng ei mam a holl gorau meibion cymoedd de Cymru yw Gwynfyd?'

Ni atebai Jabez Hughes y cwestiynau diflas hyn, dim ond sefyll yn dalsyth o flaen meicroffonau'r newyddiadurwyr, codi'i bigdrwyn yn uchel fel petai'n clywed rhyw arogl anghynnes islaw iddo ac agor ei freichiau fel adenydd a bloeddio, 'Gyfeillion! Fy nghreadigaeth i yw llais unigryw Gwynfyd; fi esgorodd arno, a phwy ydw i i geisio datrys dirgelion mawr y bydysawd? Mae cyfrinach a chyfriniaeth yr hudol lais ymhell o'ch dirnadaeth chi, ddynionach bach, felly ymaith â chi i ymlawenhau ynddo, ond gwae chi, peidiwch ag ymholi nac ymhél a dirgel bethau sydd y tu hwnt i'ch cyrraedd . . . ' A byddai'r rhethreg annealladwy a'r hunanymffrost cyfoglyd yn parhau am o leiaf ddeg munud arall, ond ni châi neb wybod dim am lais unigryw Gwynfyd.

Daeth y llanast hyd y llawr â Gwynfyd yn ôl i fyd ei chegin fach. Trodd y sgubo yn grafu a rhwbio caled wrth iddi geisio rhyddhau darnau mân o'r plât pridd o'r craciau a'r tyllau. Trodd yr hymian ysgafn yn duchan llafurus, ond tuchan tawel serch hynny rhag i'r sŵn darfu ar Jabez yn ei wyddon-gell yn y seler islaw. Cododd Gwynfyd y deisen siocled hufennog a oedd, drwy ryw ryfedd wyrth, yn dal i orwedd yn gyfan ar damaid o'r plât toredig. Duwcs annwyl, doedd hi fawr gwaeth, meddyliodd Gwynfyd wrth ei llithro ar blât arall. Roedd y plât glân hwnnw hefyd yn frith o graciau mân a sawl gwaith y rhyfeddodd Gwynfyd na fynnai Jabez daflu'r holl lestri hynafol a oedd yn y gegin am eu bod yn fagwrfa berffaith i germau a bacteria bach drygionus. Ond dyna fo, roedd Jabez yn rhy hafin i wario'r un geiniog yn ddianghenraid. Gallai Gwynfyd glywed ei wichlais yn ei phen yn arthio, 'Os oeddan nhw'n ddigon da i Mam, yr hen gryduras, maen nhw'n ddigon da i chditha'. Gwyddai hefyd, pan âi â thamaid o'r gacen siocled a phaned o de i Jabez yn y munud, na wnâi hwnnw ddim ond pigo ychydig friwsion oddi ar y plât a sipian y te fel pe bai'n wenwyn, cyn cwyno'n anniolchgar nad oedd ei lluniaeth hi'n ddim patsh ar de bach ei annwyl fam ers talwm.

Tarodd Gwynfyd y tegell ar y tân cyn mynd â'r

ysgub yn ôl i'w chadw yng nghornel y briws. Wrth basio'r ffenest fechan gafaelodd yn y crib oddi ar y silff a cheisio cael rhyw lun o drefn ar ei gwallt. Ni allai gredu bod y fath olwg arni a'r gwallt euraid a arferai lifo'n donnau hardd ar ei hysgwyddau bellach fel gwellt yr ysgub, yn sych a llychlyd a blêr. A'i dillad – doedd ganddi ond dwy hen ffrog ar ei helw a'r rheiny'n frau a di-liw. Torrai'r blerwch gorfodol hwn ei chalon. Edrychai mor ddi-raen, ond dyna fo, doedd bron neb yn ei gweld y dyddiau hyn p'run bynnag.

Mor braf oedd pethau arni ers talwm, meddyliodd Gwynfyd. Cael gwaith cyson yn y theatrau bychain a neuaddau cabare'r brifddinas, a hithau'n enaid rhydd, yn dilyn pa bynnag chwiw a'i harweiniai o un swydd i'r llall. Ond daeth tro ar fyd un gyda'r nos. Tro ar fyd a newidiodd gwrs ei bywyd.

Dynion oedd mwyafrif cwsmeriaid y neuaddau dawns a'r theatrau adloniant bryd hynny, ac ni fyddai'r genethod dawns a chân yn malio ymateb i'w cais ar ddiwedd ambell sioe i ymuno â nhw ar y llawr, i chwerthin a chael ychydig o hwyl. Atebodd Gwynfyd un o'r ceisiadau hyn un gyda'r nos a dyna pryd y daeth wyneb yn wyneb â Jabez Hughes am y tro cyntaf. Ymhen dim fe addawodd yntau'r byd iddi; roedd o wedi gwirioni ar ei llais, wedi ei gyfareddu ganddi, a llyncodd hithau'r holl rwtsh heb weld y punnoedd yn serennu'n ei lygaid. Ond chwarae teg, yr oedd gan Jabez Hughes lygad am lwyddiant a gwyddai'n union sut i droi'r punnoedd yn ei lygaid yn bunnoedd ar gledrau barus ei ddwylo. Gwyddai hefyd sut i droi Gwynfyd yn seren.

Ni fodolai cydedmygedd rhwng Jabez a Gwynfyd yn ystod y cyfarfyddiad cyntaf hwnnw serch hynny. Pa ferch ifanc ddeniadol yn ei hiawn bwyll fyddai'n cael ei denu gan rhyw lipryn heglog fel Jabez Hughes? Ond roedd o wedi clywed addewid yn ei llais, ac oni fyddai hynny wedi bod yn abwyd i unrhyw bysgodyn diniwed yng nghefnfor byd adloniant? Synnwyd Gwynfyd gan ei adduned anghredadwy ac oherwydd hynny, cytunodd hithau y gadawai i Jabez reoli ei gyrfa pe byddai ei addewid wallgof yn cael ei gwireddu. A'r addewid? Y byddai gan Gwynfyd lais digon da i ganu mewn operâu ledled y byd o fewn y mis! (Wrth gwrs, ar ôl llymeidiau dirifedi o rhyw hylif newydd, dirgel o labordy Jabez Hughes, medrai Gwynfyd ganu fel eos.)

* * *

Ailgydiodd Jabez Hughes yn y wialen wydr fechan, ei gwlychu mewn potel o drwyth tryloyw a'i rhwbio ar hyd y soser oedd o'i flaen. Rhoddodd gaead ar y soser, clymu tâp yn dynn am yr ymyl a'i gosod ar silff yn yr oergell fechan o dan y fainc. Gwenodd yn braf. Na, nid oedd y styrbans a ddaeth o'r gegin ychydig eiliadau ynghynt wedi effeithio ar y cam terfynol hwn o'i arbrawf diweddaraf.

'Wel wirionadd inna, Jabez Hughes,' meddai wrtho'i hun yn foddhaus gan anwesu'r botel oedd ar y fainc o'i flaen, 'camp arall, goelia' i. Mi rwyt ti'n haeddu hoe am ryw funud neu ddau rŵan i ddod atat dy hun,' ac aeth i'r gornel i orwedd ac i fyfyrio am fwy o arbrofion astrus.

Ychydig wythnosau'n ôl, roedd Jabez wedi cludo gwely o un o'r ystafelloedd sbâr ar lawr uchaf y tŷ i'w wyddon-gell yn y seler. Byddai hynny'n hwyluso pethau tu hwnt. Ni fyddai'n rhaid iddo adael ei hafan i

32

gysgu hyd yn oed bellach, dim ond syrthio i'w wely yn yr oriau mân heb boeni am ddeffro Gwynfyd a gorfod dioddef cnewian honno ac yntau wedi ymlâdd. Ni fyddai chwaith yn gorfod poeni am adael ei wyddongell ac arbrawf ar ei hanner. Gallai osod larwm y cloc bach i'w ddeffro pryd y mynnai, neu, petai'n digwydd mynd i gysgu, byddai arogl neu sŵn ei arbrawf yn siŵr o'i ddeffro.

Er mwyn sicrhau na châi ei styrbio gan ei wraig, roedd Jabez wedi meddwl am gynllwyn cyfrwys, ond un digon diniwed. Drws dur trwm oedd drws y seler ac roedd Jabez wedi gosod clo cadarn a chlo clap nobl ar ochr allan y drws er mwyn i Gwynfyd ei gloi i mewn yn ddiogel. Hawdd y gellid tybio ei fod yn gynllwyn gwallgof a dweud y lleiaf, ond na, cynllwyn dichellgar oedd hwn o eiddo Jabez Hughes. Pe bai'r clo ar ochr fewnol y drws, ei gyfrifoldeb ef fyddai gofalu ei gloi ddydd a nos, a phe bai Gwynfyd yn digwydd tarfu ar ei heddwch, yna ei fai ef fyddai hynny am anghofio cloi'r drws. Ond nawr, a'r clo ar y tu allan, cyfrifoldeb Gwynfyd oedd ei gloi, a phe bai hi'n anghofio, wel, gwae hi. Câi flas o dafod miniog Jabez ar amrantiad. Er mwyn iddo gael ei fwydo, roedd Jabez wedi taro dwy fricsen o'r wal gyda gordd er mwyn i Gwynfyd estyn ei hambwrdd iddo bob pryd bwyd. Beth arall oedd ar ddyn ei angen?

Oedd, roedd Jabez Hughes wedi creu paradwys iddo'i hun.

* * *

Torrodd Gwynfyd damaid o'r gacen siocled a achubwyd a'i daro ar blât bychan. Byddai'n mynd i'r fath drafferth i baratoi bwyd cartref i Jabez ond doedd hi fawr elwach. Cwyno a nadu'n anniolchgar a wnâi ei gŵr waeth beth a osodid o'i flaen. Doedd dim yn y byd a wnâi guro bwyd ei fam, 'yr hen gryduras', ac ar ôl pigo a phoeri fel dryw bach byddai'n gadael gweddill ei wledd ar y plât. Doedd ryfedd ei fod mor denau a di-lun.

Ond roedd Gwynfyd, ar y llaw arall, yn casáu gwastraff, felly hi fyddai'n bwyta'r gweddillion fel arfer ac yn ara deg ar hyd y blynyddoedd, cynyddodd y calorïau ac ymlithrodd y braster ar ei chluniau ac am y wasg a fu unwaith mor denau. Roedd hyn yn wrthun i'w gŵr.

'Lefran ifanc dlos wnes i 'i phriodi. Be sy' wedi digwydd iti Gwynfyd? Ti'n mynd yn hyllach bob dydd!' Ac wrth arthio ar ei wraig fel hyn un prynhawn, gwelodd Jabez Hughes ei ddyfodol disglair yn fflachio o'i flaen. Dyfodol ar dudalennau blaen papurau newydd y byd; dyfodol ar dudalennau gwyddoniaduron; dyfodol yn llawn medalau ac anrhydeddau . . . Dyfodol bythol wyrdd. Dyfodol bythol ieuanc a oedd yn werth holl aur y byd a'i berlau mân.

Bu am fisoedd yn arbrofi, yn cyfansoddi, yn berwi, yn hidlo, yn cymysgu, yn creu . . . Creu trwyth fendigedig a fyddai'n ateb i holl broblemau'r ddynoliaeth, yn gwireddu pob breuddwyd a freuddwydiwyd erioed gan genedlaethau o bob cenedl dan haul. Bellach doedd ond angen iddo wanhau'r dwysdrwyth a oedd fel aur yn y botel o'i flaen, cymysgu'r diferyn lleiaf ag eli pwrpasol ar gyfer y croen ac yna, wedi iddo ryddhau ei drysor i'r byd, fe gâi ei eilunaddoli, ei werthfawrogi a'i garu am greu'r eli ieuo cyntaf o'i fath erioed. Eli a oedd yn ymdoddi blynyddoedd ac yn gwaredu dyn rhag henaint dinistriol. Eli o'r enw . . . *Gwynfyd*.

* * *

Camodd Gwynfyd yn dawel i lawr y deunaw gris a ddisgynnai'n serth at ddrws y seler, cyn sefyll yn betrus y tu allan i'r twll bwyd yn y wal. Roedd gwyddon-gell ei gŵr yn codi cyfog gwag arni ac arogl trwm a sych y nwy yn pwyso ar yr aer nes peri iddi deimlo fel pe bai'n cerdded drwy drwch o niwl. Tybiai yn dawel bach mai lleoedd felly oedd gwersylloedd nwy carcharorion rhyfel ers talwm. Golau'r llosgyddion bynsen fel canhwyllau cyrff yn y llwyd-wyll yn rhagfynegi marwolaethau dychrynllyd, a gwawr werdd a choch a melyn y fflamau yn adlewyrchu fel drychiolaethau'r meirwon ar y waliau. Casâi ei hun am ryfygu meddwl y fath beth. Rhoddodd ffluch i'r deisen drwy'r twll, ond yn hytrach na glanio'n ddestlus ar yr hambwrdd yr ochr arall, syrthiodd y plât yn glewt ar y llawr. Neidiodd Jabez o'i wely fel un wedi myllio a sgrechian ar ei wraig i frysio i lanhau'r llanast cyn iddi ddifetha pob arbrawf a greodd erioed. Rhusiodd hithau i agor y drws ac i godi'r plât a'r deisen slwj oddi ar y llawr llechen. Chwiliodd o'i hamgylch am glwt i sychu'r slafan llithrig a chipiodd gadach oddi ar y fainc . . . CLETSH! . . . Syrthiodd potel i'w ganlyn. Llifodd ei chynnwys yn ffrwd dros y fainc, dros y llawr, dros y lle i gyd. Rhwbiodd Gwynfyd ei dwylo yn y trwyth trwchus mewn panig a'u codi i'w hwyneb mewn syndod ac ofn. Roedd ei hymddiheuriadau yn ei mygu wrth i'r hylif lifo fel mêl cynnes dros ei gwefusau, ar

35

hyd ei thafod, i lawr y lôn goch ac i bwll ei stumog. Llifo'n esmwyth drwy'i holl gorff. Mwydo'n glyd i'w hesgyrn a'i chymalau. Treiddio i'w gwythiennau cynhyrfus. Rhedodd Gwynfyd allan drwy'r drws mawr dur, ei gau'n glep a chloi'r clo clap cadarn ar ei hôl, ac ni arafodd ei hanadl nes ei bod ar ei hyd ar ei gwely yn y llofft, ymhell o grochlefain ei gŵr.

Ac yno y bu Gwynfyd, am eiliadau, am funudau, am oriau, am ddiwrnodau, am wythnosau, am fisoedd . . . yn ieuo ac yn ieuo, nes nad oedd hi bellach yn bod. Roedd Gwynfyd Jabez Hughes wedi darfod, diolch i drwyth gwyrthiol ei gŵr.

Parhaodd y tamaid o deisen siocled slwj am bythefnos i'r gwyddonydd crintachlyd, ac yna llwgodd.

Esyllt Nest Roberts

Aliwga

'Ni fydd iaith, dim llai na rhywogaeth,
wedi iddi farw, byth yn dychwelyd.'

Charles Darwin

Un tro roedd yna Aliwga. Roedd yr Aliwga yn byw yn
y môr. Roedd yr Aliwga yn hoffi byw yn y môr. Roedd
yr Aliwga yn debyg i lysywen fawr felen. Ond Aliwga
oedd o, nid llysywen. Aliwga oedd o, dyna i gyd.

Roedd yna fwy nag un Aliwga. Roedd yna lawer
iawn ohonyn nhw. Roedd yna filoedd o Aliwgau yn
byw yn y môr.

Byddai'r Aliwgau yn hoffi nofio yn y môr. Byddent
yn nofio a nofio a nofio drwy'r dydd. Yn nofio drwy'i
gilydd drwy'r dydd fel clwstwr o fandiau elastig yn
symud. Byddent yn nofio'n gyflym, gyflym ar ôl ei
gilydd, pob un yn dilyn y nesaf fel nad oedd modd
gweld lle'r oedd un yn gorffen a'r llall yn dechrau.
Roedd yr Aliwgau yn hoffi nofio efo'i gilydd.

Ar y lan, ymhell bell i ffwrdd, roedd yna Gragell yn
byw. Roedd y Cragell yn hoffi byw ar y lan. Roedd y
Cragell yn debyg i grocodeil bach brown. Ond Cragell
oedd o, nid crocodeil. Cragell oedd o, dyna i gyd.
Doedd neb yn gwybod faint o Gregyll oedd yn byw ar
y lan.

Byddai'r Cregyll yn hoffi crwydro ar y lan. Byddent
yn crwydro a chrwydro a chrwydro drwy'r dydd. Yn
crwydro'r tir drwy'r dydd, fel byddin o blismyn prysur.
Byddent yn cropian yn gyflym, gyflym ar eu taith, pob
un yn mynd ei ffordd ei hun fel nad oedd modd eu cyfri
na'u deall yn iawn. Roedd y Cregyll yn hoffi dilyn eu
trwynau.

Un diwrnod braf a'r haul yn crasu'r awyr, dyma un o'r Cregyll yn galw ar un o'r Aliwgau, 'Tyrd yma. Tyrd efo fi.'

Nid yn aml y byddai Cragell yn siarad efo Aliwga. Doedd dim rheswm iddyn nhw wneud. Roedd y Cregyll yn byw ar y tir a'r Aliwgau yn byw yn y môr. Roedd y Cregyll yn bwyta mamaliaid bach a phryfed a'r Aliwgau yn bwyta planhigion tanddwr. Doedd dim llawer o amser ers i'r Cregyll gyrraedd yr ardal; roedd yr Aliwgau wedi bod yno erioed. Doedd gan y Cregyll a'r Aliwgau fawr yn gyffredin heblaw am y gusan anwadal, gyfnewidiol, rhwng y môr a'r tir. Doedd gan yr Aliwgau yr un rheswm i wahodd y Cregyll i'r môr, dim mwy nag oedd gan y Cregyll ar y lan reswm amlwg i ddenu'r Aliwgau i'r tir. Felly pam y gwahoddiad annisgwyl?

'Pam?' holodd yr Aliwga, a phontydd aur ei gorff yn pefrio yn y tes.

'Dilyn fi ac mi gei di weld. Mae 'na lawer wedi gwneud o dy flaen di.'

'A lle maen nhw rŵan?'

'Dilyn fi ac mi gei di weld.'

Pendronodd yr Aliwga. Yn ôl y chwedl, roedd llyn braf yng nghanol y tir. Llyn anferth fel llygad cawr, mor anferthol fel na fedrai neb weld o un lan i'r llall; mor enfawr nes ei fod yn edrych fel môr, ond llyn oedd o. Llyn diogel, llyn cynnes, llyn dof. Yn ôl pob sôn, roedd y dŵr yn lasach na glas, yn gliriach na chlir ac ynddo, roedd teuluoedd hapusach na hapus o Aliwgau yn trigo a nofio a nofio drwy'r dydd. Yn nofio drwy'i gilydd drwy'r dydd, pob un yn dilyn y nesaf fel nad oedd modd gweld lle'r oedd un yn gorffen a'r llall yn dechrau. Doedd neb yn gwybod i sicrwydd am fodolaeth y llyn, ond roedd llawer un yn credu'r chwedl.

'Mae'n rhaid ei fod o'n lle da,' rhesymodd yr Aliwga, 'neu mi fasa'r Aliwgau eraill aeth yno wedi dod yn ôl . . . '

'Yn hollol,' gwenodd y Cragell. 'Dilyn fi ac mi gei di weld.'

Edrychodd yr Aliwga ar y clymau disglair aflonydd o'i ôl, ar y myrdd o gyfoedion unlliw, bodlon. Rhyfeddodd at yr adnabod gludiog. Mor glòs, mor unffurf fel nad oedd modd gweld lle'r oedd un yn gorffen a'r llall yn dechrau.

'Dwi'n un ohonyn nhw,' meddyliodd yr Aliwga yn uchel.

'Dim ond un wyt ti,' argyhoeddodd y Cragell, 'ti'n unigolyn. Dilyn fi ac mi gei di weld drosot ti dy hun.' Trodd ei gefn isel, lledrog a dechreuodd gropian am y tir.

Ymlusgodd yr Aliwga ar ei ôl ar hyd y tywod poeth a dilyn y Cragell i'r coed. Cyn pen dim daeth Aliwga arall allan o'r môr a dilyn yr un cyntaf am y goedwig. Yna daeth un arall i'r lan, ac un arall ac un arall, a phob un yn dilyn yr un o'i flaen fel trên o blant mewn parti.

Ymlaen â'r Cragell drwy'r coed a'r Aliwga cyntaf yn ei ddilyn, a'r ail yn dilyn hwnnw, a'r trydydd yn dilyn yr ail. Ymlaen â nhw, miloedd ohonyn nhw hyd nes bod y môr yn hanner gwag o Aliwgau. Ond doedd rhai ddim wedi sylwi bod y lleill wedi mynd. Roedd rhai wedi penderfynu aros yn y môr; roedden nhw'n dal i nofio drwy'i gilydd yn braf, yn dal i symud a chordeddu fel seirff euraid fel nad oedd modd gweld lle'r oedd un yn gorffen a'r llall yn dechrau. Roedden nhw'n hoffi nofio yn y môr.

'Ydi o'n bell?' gofynnodd yr Aliwga cyntaf i'r

Cragell ar y blaen ar ôl oriau o gropian. Roedd cysgod y coed ymhell y tu ôl iddynt ac roedd y ddaear islaw yn eirias.

'Ydi lle yn bell?' holodd hwnnw, heb droi'i ben.

'Y llyn anferth. Lle bynnag 'dach chi'n mynd â ni.' Roedd yr awyr yn drwm o arogl dieithr.

'Pwy ddudodd ein bod ni'n mynd i nunlla?' Cyflymodd y Cragell ei gamau dros yr anialdir crin.

Arafodd llithro igam-ogam yr Aliwga cyntaf.

'Gawn ni orffwys?' gofynnodd, gan orwedd ar ei ochr yn y llwch.

'Cewch siŵr,' gwenodd y Cragell, 'ond dydw i ddim angen gorffwys,' ac ymlaen â'r ymlusgiad, ymlaen yn eiddgar drwy'r diffeithwch gan adael llwybr unionsyth o olion yn y tywod, rhag ofn y carai unrhyw un o'r Aliwgau eraill ei ddilyn, rywdro.

Pan ddiflannodd y Cragell yn ddistaw dros ganfed mynydd tywod y diwrnod, roedd yr haul fel gormeswr hunangyfiawn ar ei orsedd hanner dydd.

Roedd cen yr Aliwga cyntaf yn sych, yn syrthio'n betalau budr i'r ddaear cyn crebachu'n ddim yn y gwres. Fedrai o ddim yngan gair; roedd ei geg fel poced o ledr gwydn a'i lygaid wedi'u hoelio ar y tywod, a'r tywod arnynt hwythau. Roedd yr ail Aliwga a'r trydydd wedi peidio symud hefyd. Roedd un yn crio a'r llall yn trio dal ei ddagrau ar ei dafod. Daliai'r Aliwgau i ddilyn ei gilydd, i ymdrechu'n ufudd ar ôl yr un oedd o'i flaen, ond methiant fu pob ymgais i fynd y tu hwnt i'r man lle gorweddai'r cyntaf, yn gelain-grimp. Crinodd pob un yn eu tro; sugnwyd lleithder bywyd ohonynt fel llefrith yn llifo drwy welltyn. Roedd rhai yn dal i symud, yn dal i gordeddu'n gwlwm araf drwy'i gilydd fel nad oedd modd dirnad lle'r oedd un yn gorffen a'r llall yn dechrau. O'r awyr doedd dim i'w weld ond mynydd o gynrhon aur wedi peidio symud, wedi peidio pefrio.

Yn y môr, roedd yr un mynydd melyn wedi'i wasgaru'n gudynnau gwaedlyd ar wyneb y dŵr. Ambell un wedi hanner suddo, un neu ddau wedi'u golchi i'r lan, pob un yn llonydd, llonydd dan oruchwyliaeth y Cregyll gwefl-goch oedd yn barod i roi'r frath angheuol olaf i unrhyw gyhyr aflonydd.

Dan bentwr hesb yr anturiaethwyr, yn swatio ynghanol y dryslwyn celanedd, roedd ŵy. Ŵy bach. Ŵy bach melyn. Dyna i gyd. Roedd rhywbeth y tu mewn i'r ŵy; roedd rhywbeth yn tyfu y tu mewn i'r ŵy; yn tyfu a thyfu yn ara', ara' deg bach, bach. Byddai'r Rhywbeth yn hoffi byw . . .

Gwyneth Glyn

Jig-so

'Ti 'di gosod y larwm? Erbyn saith. Naci. Erbyn meddwl, gwna fo'n hanner awr wedi. Dwi'm yn gorfod bod yno tan naw o'r gloch fory.'

Fi ddeudodd hynna. Dwi'n ei ddeud o bron bob nos cyn mynd i gysgu. Ar ôl newid i 'nghoban, hongian fy nillad, tynnu'r colur a'r budreddi oddi ar fy wyneb efo peli bach amryliw o wlân cotwm a 'molchi. Tynnu'r lensys o fy llygaid reit o dy flaen, o flaen dy drwyn, a cheisio cofio pryd wnes i stopio cuddio petha felly a dechra dy drystio di. A'r munud dwi'n ei ddeud o, deud 'Ti 'di gosod y larwm? Erbyn saith. Naci. Erbyn meddwl, gwna fo'n hanner awr wedi. Dwi'm yn gorfod bod yno tan naw o'r gloch fory,' dwi'n diawlio fy hun i'r cymyla oherwydd dyna'r peth diwetha ti'n ei glywed cyn troi dy gefn gyda'r nos a dechra chwyrnu. A fi ddeudodd o. A gwingo. Nid bod 'na rwbath mawr o'i le ar drefnu fory cyn cysgu, ond roedd 'na gymaint o betha gwell i'w gwneud yn ôl yn y dechra. A be sy'n fy nghorddi i bellach, wrth i'r syniad wneud synau creulon yn fy mhen, ydi'r ffaith nad wyt ti'n synnu.

'Tynna dy sana yn y gwely . . . Paid â dwyn y cwilt i gyd 'nei di . . . Paid â 'nghyffwrdd ganol nos achos mae ewinedd dy draed yn crafu . . . Paid ag anadlu myn uffar i . . . '

Fi ddeudodd hynna, a hynna, a hynna, a hynna. Fi ddeudodd y cwbwl. Fi ddeudodd o i gyd. Be ddiawl sy'n digwydd i mi? Pwy goblyn ydw i?

Nos da. Dwi'n mynd i gysgu.

Glywi di? Ti'n gwrando? Fedri di ei glywed yn cronni y tu mewn i mi, yn mudlosgi'n ddrewllyd yn fy mherfeddion yn rhywle. Glywi di? Does bosib fod yn rhaid i mi gyfadda'r cwbwl wrtha chdi. Fedri di ddim deud wrth edrych arna i? Wrth deimlo? Fedri di?

A ti'n dal i orwedd yn llonydd efo dy freichia ar led fel tasa chdi wedi dy groeshoelio i'r gwely, yn gwingo'n achlysurol yn dy gwsg fel dyn ar dân i godi, ond yn methu. A dwi'n ei deimlo. Nid yng nghledrau fy nwylo a gwadnau fy nhraed, ond i'r byw.

Falla y dylwn i geisio egluro – ceisio egluro'r aneglur os ydi'r fath beth yn bosib, er mwyn i minna wneud synnwyr o betha. Sgwennu'r cwbl yn stori fach daclus er mwyn iti gael ei deall a'i dadansoddi, os leici di, yn union fel cael gwaith cartra yn 'rysgol ers talwm pan oeddan ni'n ddim mwy na llafna diniwed efo gardd o blorod ar ein hwyneba. Cael cerdd yn rhibidirês o linella duon dyrys ar ddiwedd pnawn Gwener, yna'i blingo'n ddigywilydd mewn ugain munud ar ôl swpar. Ei hailwampio'n gyfres o bwyslais ar y naill beth ac ailadrodd ar y llall, yn odl a mydr a chyflythrennu a chynganeddu, a 'dwi'n cael yr argraff fod y bardd yn awgrymu hyn' ac 'yn ceisio cyfleu rhyw athroniaeth fawr arall' na feddyliodd y creadur neu'r greadures druan erioed amdano wrth sgwennu soned syml ar noson ddistaw. Ond mae ffansi merch bymtheg oed sy'n ceisio plesio yn teimlo y dyla hi deimlo petha felly, a'r cwbwl yn dwt dan gloria'r llyfr gwaith cartra erbyn bora dydd Llun, unwaith eto, a'r ystyr ei hun mor ddieithr rŵan ag yr oedd o bryd hynny.

Taswn i'n gallu gweld rhwng llinella'r print mân taclus, falla y medrwn weld reit yn ôl i'r dechra. Reit yn ôl i'r cyfnod pan oeddan ni'n cydanadlu wrth gysgu.

Dwi'n cofio'r noson gynta erioed iti aros acw dros nos a finna'n ymdrechu i beidio anadlu'n rhy uchel wrth fynd i gysgu, efo llond fy nhrwyn ac yn swp o'r annwyd, ond yn ceisio peidio dangos hynny. Torri 'mol isio tisian a dal fy ngwynt droeon gan droi'n biws yn y tywyllwch rhag imi dy ddeffro a dy styrbio o'r cwsg cynta ar ôl caru. Fedrwn i ddim peidio syllu arnat ti a gwirioni. Sychu 'nhrwyn 'run pryd a hwnnw'n rhedeg o 'mlaen, a finna'n ceisio'i ddal o rhag iti ddeffro a meddwl 'mod i'n un o'r genod hynny sy'n glafoeri. Cymaint o betha i boeni yn eu cylch nhw ar y noson gynta. Y noson gynta honno. Nid bod angen gwneud hynny achos cyn pen dim roeddan ni'n cysgu'n glyd efo'n gilydd, fel un, mor naturiol a braf. Fedret ti ddim cysgu heb i minna gau fy llygaid a fedrwn inna ddim deffro heb i chditha neud 'run fath. Mi fedrwn dy dynnu o drwmgwsg dim ond wrth syllu ac mi fyddet titha'n agor dy lygaid a gwenu. Dy lygaid gwyrddion yn perlio yn dy ben ac mi fyddwn inna'n hapus.

Ti'n cofio'r rhosyn coch ge's i'n anrheg efo cusan ar fy moch un bora? Dim byd mawr. Dim achlysur. Dim ond rhosyn bach rhad oedd yn golygu'r byd i gyd yn grwn. Roeddet ti'n un da felly yn y bora, chwara teg, yn dod â phaned boeth peth cynta ac yn fy nghynesu efo mwytha tra oeddwn i'n ystyried mentro gwthio bodia 'nhraed allan o wres y gwely, a phenderfynu peidio. Wnes i rioed daflu'r rhosyn hwnnw, fedrwn i ddim, dim ar ôl i chdi ei roi o'n gariad i gyd, yn rhyw hanner cywilyddio a chochi am fod yn gymaint o hen labwst sentimental, ac yn hanner balch, efo gwên yn cuddio'n swil yng nghongla dy wefusa, dy fod yn ceisio plesio.

Ro'n i'n gwybod y basa fo'n gwywo ac felly mi rois i o i sychu yng nghwpwrdd cynnes Nain, i'w gadw'n goch ac yn glyd hyd dragwyddoldeb, a Nain yn methu deall pam oeddwn i isio eirio blodyn.

Mae o gen i o hyd. Y coesyn pigog digywilydd, bôn

y blodyn yn dal yn ei le a phob petal bach bregus 'di gwywo a chledu'n grimp ers tro. Dydi o ddim yn gyfa wrth gwrs, mi ddisgynnodd y cwbwl yn ddarna, ond dwi 'di cadw be sy'n weddill ohono fel rhyw fath o jig-so plentyn – rhag ofn.

Mae arna i ofn fy ngadael i 'y plentyn' weithia. Ofn 'mod i'n gwneud llanast llwyr o aeddfedrwydd, gwneud llanast llwyr ohonom ni. Ofn 'mod i fel dafad dwp yn pori hen borfa hesb pan fo'r gwellt wedi ei hen larpio a'r gwraidd wedi'i dreulio fisoedd yn ôl. Ond mynnu. Mynnu gwthio 'nhrwyn i'r pridd, rhag ofn bod 'na egin bach gwyrthiol 'di blaguro o'r baw. Methu sylwi 'mod i 'di rheibio'r gwreiddia ac atal y gwynt a'r glaw rhag cyrraedd fy sgwaryn bach i wrth sefyll uwch ei ben a'i fygu cyhyd. Canolbwyntio. Syllu'n ddifrifol ddall heb sylwi arno'n dal i dyfu'n dalpia bras o 'nghwmpas. A mentro. Mentro symud cam ymlaen a blasu gwelltyn newydd sbon, fel oen llywaeth yn profi ei wellt glas cynta rioed ar ôl cael ei ddifetha a'i fwydo o flaen tân. Ac awchu. Awchu 'rôl llwgu a mynnu mwy a mwy a mwy a mwy. Bwyta, ond blasu gwellt sych y gorffennol rhywle yng nghefn fy ngho a hwnnw'n hen. Mynnu bod hwnnw'n fwy o ginio dydd Sul na'r caws ar dost presennol, tan imi orffen, a difaru. Difaru f'enaid ar ôl gorffen, treulio'r bwyd a golchi llestri a sylweddoli'n llawer rhy hwyr mai hwnnw oedd y pryd gora ge's i erioed . . .

Hel meddylia. Meddwl 'nôl. Chditha'n pendwmpian rhwng cwsg ac effro wrth f'ochor, fel y byddi di, yn hanner sgyrnygu, hanner chwyrnu ar ôl cael llond cratsh neithiwr. Fel y byddi di. Yn gorwedd gan fy wynebu a'th law chwith dan dy ben fel babi blwydd a blas noson felys arall efo'r hogia ar d'anadl. Ond dwi'm yn malio. Ddim o ddifri. Ddim a chditha'n edrych fel hogyn bach wedi hurtio, ar goll mewn breuddwyd bêr na wn i ddim amdani. Dim ond dychmygu, dyfalu, achos Duw a ŵyr, dwi'n dy nabod di. Ac eto, dwyt ti byth yn fy niflasu. Ti'n fy ngwylltio, coelia fi. Fy ngwylltio nes 'mod i'n biws ac isio ffrwydro weitha, yn enwedig pan ti'n ymdrechu, yn tynnu 'nghoes am ddim rheswm yn y byd dim ond i bryfocio a chael mwynhad o wneud hynny. A ti'n fy ngharu, mor dyner ar brydia fel nad ydw i'n siŵr p'run ai hud dy gusanna ynteu gwres d'anadlu sy'n gwneud i flewiach mân fy nghorff ddawnsio. A ti'n fy mrifo, fy mrifo gymaint weithia nes 'mod i'n ysu i'th rwygo'n ddarna, plannu 'nannedd yn dy gnawd a chnoi dy berfadd yn rhacs cyn ei boeri a'i adael i bydru. Ond bod ysu a gweithredu yn ddau beth mor ddieithr. A ti'n synnu gormod arna i i 'niflasu.

Ond dwi dal i ysu weithia, ysu am normalrwydd, ond fuost ti, mwy na finna, erioed yn normal. Heb sôn amdanom ni. Ond be'n union ydi 'normal' yn y bôn? Ydi pobol yn cyffredinoli gormod wrth geisio diffinio normalrwydd? Ynteu a'i normalrwydd ydi cyffredinoli, bod yn gyffredin, ffitio'r norm a grewyd gan rywun na allai fod mor normal â hynny i dynnu sylw at gyffredinedd y peth yn y lle cynta? Ydw i'n normal i bendroni ynghylch y fath beth? Choelia' i fawr. Ond choelia' i chwaith ei fod o fawr o golled pan fo'r peth ei hun yn fy niflasu ac yn codi cur pen wrth geisio mynd i gysgu.

Fedrat ti byth fod yn normal a faswn i ddim isio i ti fod, byth . . .

Mi ge's i freuddwyd unwaith. Dwi'n meddwl mai breuddwyd oedd hi. Mae'r ffin mor sobor o amwys weithia, tydi? Fel llinell igam-ogam neu lwybr meddwyn. Sŵn ffôn yn canu a chanu a chanu, cyn sylweddoli bod 'na ffôn yn canu go-iawn lawr grisia, a synnu wedyn fod y sŵn yn atseinio yn y naill le a'r llall yn union 'run pryd. Cnoc ar ddrws. Cnoc gadarn yn ddigon i ddychryn, yn ddigon i neud imi lamu o'r gwely a sgrialu i'w ateb a neb yno yn y diwedd, dim ond dieithryn yn dal i ddisgwyl a chnocio mewn breuddwyd nad oes dychwelyd iddi, am y tro.

Breuddwyd felly oedd hon, os mai breuddwyd oedd hi. Y ddau ohonom yn swatio, cyn syrthio i gysgu a chditha'n symud gan greu pant yn y gwely. Felly y dechreuodd hi. A dwi'n suddo i bwll clyd y cynfasa glân, suddo a'r cotwm cynnes yn anwesu 'nghroen noeth, yn fy mwytho a 'ngorchuddio, yn gynnes braf ac yn glyd amdanaf. A dwi'n suddo'n is ac yn is ac yn is i grombil y gwely, drwy'r fatres foethus a'r coedyn i grombil rhywbeth dieithr y tu hwnt i hynny. Suddo'n is i bwll braf a swigod hanes yn creu ogla da yn fy ffroena a nofio a chwara mewn lafant o hen atgofion.

Dwi'n gynnes, gynnes braf, yn glyd mewn byd hud. Dwi'm yn poeni, dim ond syllu a synnu ar y lleuad wen a'r blodau gwynion yn codi'n wyrthiol o'r dŵr. Dwi'm isio gwybod amdanoch chi i gyd. Dwi'm yn gwybod. Be 'di hiraeth, cariad, llawenydd, galar? Be 'di cenllysg, sôs coch, ysbyty a chân? Be 'di'r ots? Dwi'm yn gorfod gwybod. Dwi'n ddiogel yn fa'ma, 'di 'ngwreiddio yma. Dwi'n sownd yma . . .

Dwi'n clywed sŵn. Dwi'n cofio 'mod i 'di clywed sŵn. Nid sŵn suo llanw a thrai y lleuad ond sŵn dieithr yn sisial yn y tywyllwch. Sŵn sy'n gwneud i chi agor eich llygaid i glywed yn well, fel petai 'na synnwyr yn hynny yn rwla, a chrychu talcen a'u hanner cau nhw eto wrth geisio canolbwyntio. Dydi o ddim yn eglur. Fatha sŵn sydd wedi bod yno erioed, ond mai rŵan dwi'n sylwi arno. Adar dan y bondo a'r gwynt yng nghracia ffrâm y ffenast pan nad wyt ti yno a finna ar ben fy hun am y tro cynta, a'r sŵn lleia'n troi'n fiwsig ystrydebol rhyw ffilm arswyd hunllefus. Anwybodaeth yn troi'n ofn. Ond y tro yma, dwi'm isio iddo fod yn eglur. Beth petai eglurdeb yn fwy cymhleth? Dwi'm isio deall y petha cymhleth, dwi'm isio gorfod deall. Mae hi'n braf yn fa'ma. Mae'r dŵr yn gynnes, gynnes braf. Dwi'm isio codi a chrebachu a sychu'n grimp fatha'r rhosyn hwnnw a syrthiodd yn ddarna. Plis, dwi'm isio mynd. Mae'n glyd ac yn gynnes ac yn ddiogel yn fa'ma. Plis, mi fydda i'n hogan dda, yn ddim trafferth, yn anweledig bron . . . Plis ga' i aros? Plis . . .

Ac eto, dwi'n cofio meddwl y basa hi'n gallu bod yn braf yn fan'no hefyd. Lle gola', llachar, braf a sôs coch yn neis a chariad yn well. Ac mi wnaeth rhywbeth yn rhywle ddeud wrtha i am fentro. Doeddwn i ddim isio peidio, er bod arna i ofn ond doeddwn i ddim yn gwybod beth oedd ofn. Tan wedyn. Dwi'n cofio hynny, a chofio dechra suddo eto. Cofio mygu, dechra boddi, methu nofio, methu anadlu . . .

Ac wedyn dwi'n dy gofio di. Llaw dyner yn anwesu fy moch, yn fy hudo'n ôl. Cofio'r llygaid gwyrddion yn gwenu. Huwcyn bach yn swatio'n glyd yn y gornel ac yn fy nenu, yn fy nghysuro, yn f'atgoffa. O'r diwedd, ti 'di deffro.

Mae'r larwm yn canu, er mai ffordd o ddeud ydi peth felly, oherwydd dydi larwm byth yn canu. Mae 'na ddyn bach blin yn byw yng nghloc larwm tŷ ni, yn tynnu ewinedd ar hyd bwrdd du bob bora, yn ein gorfodi i godi trwy ein byddaru. Sgrechian, swnian, popeth ond canu rhag ein suo i gysgu.

'Stwffia fo.'

Fi ddeudodd hynna ac mae o'n gwneud imi wenu, am unwaith, ac yn gwneud i chditha synnu. Dwi'n rhoi taw ar y cloc am chydig a dwi'n swatio dan dy gesail a ch'nesu drwydda i, a gadael i flew dy frest gosi blaen fy nhrwyn yn bryfoclyd. Dwi'n dechra pendwmpian yn ddioglyd. Pum munud bach arall. Falla mwy.

Bore da. Dwi'n mynd i gysgu.

Lowri Davies

Dant at waed

Teithiai meddyliau Alberto Romero yn gynt na'r trên a'i cludai adref dros y cledrau llyfnion bob nos. Roedd y munudau preifat a gâi yn y cerbyd gorlawn yn rhai amheuthun i fyfyrio, i bwyso a mesur, i hel atgofion a hiraethu, i drefnu a thacluso'r meddwl ac i gau'r drws ar drybestod diflas gwaith y dydd. Weithiau byddai'n athronyddu, dro arall byddai'n cyfansoddi. Ond heno, ar noswaith braf yn nechrau hydref a'i fol gwag yn swnian, y prydyn bach a gâi ar ôl cyrraedd adref oedd ar ei feddwl (tamaid i aros y pryd helaethach a weinai ei wraig tua naw o'r gloch). Bara ffres a darn bach o gaws neu omled datw ysgafn – un o'i hamryfal arbenigeddau cogyddiaeth. Tafell neu ddwy o'r salami sbeislyd o'r delicatesen ar gornel y stryd a oedd yn gyfochrog i'w gartref wedyn, neu domato wedi ei sgleisio'n denau a'i drochi mewn olew a'i ysgeintio â thameidiau bras o ddail brenhinllys ffres o'r ardd. Yna, cwpaned fechan o goffi cryf i yrru'r byrbryd i lawr y lôn goch, a gwydraid bach o bort melys i ddilyn efallai. Hyfryd!

Wrth dynnu dŵr o'i ddannedd ei hun fel hyn, daeth blas swper neithiwr yn ôl ar ei wefusau. Stiw ffa a llysiau daear – hen rysait teuluol, cyfrinachol, a blas cefn gwlad fel sesn drwyddo – a golwythau bychain o gig brau, anarferol o flasus, a gafodd ond cipolwg sydyn ar y badell, yn toddi'n y geg. A doedd dim curo ar drochi clap o fara yn y llyn o wlych a fyddai bob tro yn weddill ar y plât a gwaed y golwythau'n marmori drwyddo fel mân wythiennau. Yr eiliad honno, aeth yr awch yn drech nag Alberto Romero a phenderfynodd ddod oddi ar y trên yng ngorsaf Ventas.

O 59613

COLEG LLANDRILLO COLLEGE
LIBRARY RESOURCE CENTRE
CANOLFAN ADNODDAU LLYFRGELL

Wrth iddo gamu'n euog ar y platfform, daeth arogl melys ffroes newydd eu coginio i lenwi ei ffroenau. Er ei fod yn arogl lled gyfarwydd, gwirionai Alberto Romero arno bob tro ac anelodd ei lwybr tarw unionsyth am y stondin. Cipiodd ffrocsen felys oddi ar y cownter a'i gwthio i'w safn agored cyn taflu'r pesetas mân i ddwylo'r stondinwr. Mwmianodd ei ddiolchgarwch drwy gawod o friwsion siwgwrllyd a throi ar ei sawdl. Llowciodd a gwenu. Sychodd ei geg yn llawes ei gôt a brasgamu drwy'r dorf o Fadridiaid swnllyd, esgyn y grisiau symud ac anadlu'n ddwfn wrth godi i'r awyr iach. Roedd yn gas ganddo fyctod tanddaearol gorsafoedd trenau, yr awyr lychlyd ac arogl sur gormod o deithwyr wedi eu gwthio'n rhy dynn i gelloedd cyfyng y cerbydau. Arogl fel hen, hen finegr. Mor braf oedd awyr ffres y ddinas, er y gallai hwnnw fod yn ddigon myglyd ar adegau, neu'n llaith a thrymaidd yn yr haf chwilboeth. Ond heno, awyr las grimp a'i hwynebai a'r ffresni hydrefol yn glanhau'r hirddydd a aeth heibio oddi ar ei wyneb blinedig. Oedd wir, roedd yr ias yn gafael heno ac yn treiddio i fêr ei esgyrn.

Tynnodd ei gôt ledr laes, foethus yn dynnach amdano a chodi'r goler flewog dros ei wddf noeth. Cymerodd gipolwg sydyn ar ei oriawr. Chwarter wedi chwech. Digon o amser am un bach sydyn yn y *Los Timbales*. Rhuthrodd yn ei flaen, ei ben wedi ei ostwng wrth iddo swatio i glydwch y goler fel na welai ddim ond y palmant gwrymiog islaw. Cuddiodd yn y cynhesrwydd gan weddïo'n dawel bach nad adnabyddai neb ef.

Roedd Alberto Romero wedi camu'r llwybr hwn gannoedd o weithiau o'r blaen a'r un awch yn ei gymell

51

ymlaen bob tro. Yr aros eiddgar, llonydd ddeuai'n gyntaf; disgwyl y cyffro oedd i ddod. Fel gwthio nodwydd i wythïen las chwyddedig gan wybod bod ffrwydriad o wefr ar y gorwel. Yna'r cyffur clir yn ymdreiddio i'r gwaed a'r esgyniad ysbeidiol, gwefreiddiol yn dychlamu drwy'r corff cyn cyrraedd penllanw'r cyffro perffaith. Crynai ei holl gorff wrth feddwl am y peth. Ond daeth sŵn ac arogleuon cyfarwydd y ddinas ag ef yn ôl o dir nirfana'i freuddwydion a phesychodd yn uchel i glirio'i wddf a'i feddwl. Cododd y stêm o'i ffroenau a throi'n gwmwl bychan niwlog yn yr awyr glir. Ymhen rhyw chwe chan llath arall byddai'n camu dros drothwy'r dafarn ac yno fe gâi bum munud bach iddo'i hun, i godi archwaeth at y wledd a'i hwynebai.

Arogl y *rabo de toro*, y stiw cynffon tarw blasus, oedd yr arwydd cyntaf iddo ei fod yn nesu at y dafarn. Stiw hyfryd o gig tywyll yn arnofio mewn rhyw isgell ysgafn, sawrus. Cig y tarw sanctaidd a offrymwyd ychydig ddyddiau ynghynt yn y *Plaza*. Esgus fu dod yma am ddiod; esgus i gael mynnu dysglaid swmpus o'r stiw cyfrin cyn codi gwydraid bach o gwrw i leddfu ei gydwybod hunan-gelwyddog ac i lanhau'r pryd sydyn i lawr ei gorn gwddw. A chyn i'r gweinydd droi bron, roedd Alberto Romero wedi llowcio'r cyfan, taro'i besetas yn y soser ar y bar a throi ar ei sawdl drwy'r drws. I mewn ac allan ar un anadliad, bron. Gadawodd y dafarn glyd o'i ôl a'i hwyneb teilsiog yn wincio ffarwel slei-bach arno yng ngoleuni olaf y dydd. Prin y sylwai neb o'r cwsmeriaid rheolaidd ar y teils cain a addurnai'r dafarn ac a'u croesawai'n gynnes i'w chlydwch, ond efallai nad oedd y darluniau o olygfeydd ymladd gwaedlyd at ddant y mwyafrif o'r yfwyr erbyn hyn.

Nid oedd Alberto Romero yn smygwr cyson. Digiai ei wraig at yr arferiad ffiaidd a oedd mor gyffredin yn eu gwlad ac felly roedd Alberto wedi ildio i'w hefru ers tro bellach. Ni fu'n fodlon cyfaddef wrthi ei fod yn teimlo'n llawer iachach o ganlyniad i hynny chwaith. Roedd y myctod a arferai ei deimlo wrth gerdded wedi lleihau'n sylweddol ac fe gâi well blas ar ei fwyd. Roedd ei gelc yn cynyddu'n sylweddol yn y banc hefyd ond taw oedd piau hi am hynny yn sicr. Na, gwell oedd cadw'i holl feddyliau'n dawel iddo'i hun na chyfaddef i'w wraig mai hi a wyddai orau, unwaith eto. Ond ar adegau neilltuol fel hyn, ni allai Alberto Romero ymatal rhag cerdded at un o'r ciosgau a oedd yn britho'r stydoedd a phrynu dim ond un pecyn bychan, cul o'i *Ducados* hoff, a blwch o fatsys. Cyn camu o'r ciosg, rhwygodd y papur clir a'r papur sgleiniog yn awchus a chodi sigarèt i'w wefusau a'i thanio. Anadlodd yn ddwfn a chau ei lygaid tywyll. Gwynfyd. Cododd y mwg i'w ben a llacio cyhyrau ei holl gorff ar amrantiad. Paradwys. Llam o wefr yn treiddio drwyddo ac roedd rhagor i ddod wrth gwrs.

Agorodd ei lygaid a chynhyrfu o weld y cloc hysbysebu neon bychan ar ochr y ciosg. Ugain munud i saith. Gwell brysio i sicrhau dewis da o seddau. Prysurodd gynted ag y gallai ac ymhen deg munud go dda daeth i olwg y gyrchfan a fu'n nod iddo ers iddo ailflasu swper neithiwr ar y trên ar ei ffordd adref rai oriau ynghynt.

Ymhyfrydai Alberto Romero yng nghrefftwaith arena odidog ei ddinas. Yn wir, dyma arena fwyaf ei famwlad ac yn ei dyb ef nid oedd yr un adeilad cyffelyb godidocach yn yr holl fyd. Carai syllu ar y bwâu siâp pedol a'r waliau gyda brics wedi'u plethu'n gain i'w gilydd gan greu siapiau geometrig cymhleth. Roedd yn gynllun chwareus bron, yn un a fynnai herio'r llygad i chwarae mig o un pen i'r llall. Gallai godi awydd ar y gwyliwr i gerdded oddi amgylch yr adeilad cyfan, a phe bai'n cael ei ffordd, yno y byddai, yn cerdded rownd a rownd yn ddiddiwedd hyd ddydd y farn! Apeliai'r hiwmor creulon hwn yn fawr at Alberto Romero a chafodd bŵl arall o wefr wrth syllu ar y mawredd coegwych o'i flaen.

Ysgydwodd ei hun o'r llesmair a chamu rhwng y stondinau a oedd fel milwyr bychain yn amddiffyn castell. Baneri, modrwyau allweddi, les, cardiau post, modelau o deirw bychain, cofroddion o bob lliw a llun – a stondinau bwyd. Prynodd baced nobl o gnau mwnci rhydd a baryn o *nougat* pinc a gwyn. Ymsythodd a swagro fel tarw blwydd i gyfeiriad y ciosg tocynnau. Fe wyddai y byddai Cristina yno ar nosweithiau Gwener fel arfer.

'Llewyrch 'ta lloches?'

'Ydi Cristina yma heno?'

'Cristina?' Syllodd y weinyddes arno gan smicio'i hamrannau a dal ei phen ar ogwydd gystal â dweud 'Be 'nei di â pheth fel honno a slasan fel fi ar blât o dy flaen?'

'Cristina Sánches. Ydi hi'n gweithio heno? Ma' hi yma ar nos Wener fel arfer.' Dechreuodd golli'i limpin a chwythodd aer poeth drwy'i ffroenau gan ageru'r cylch gwydr bychan a oedd rhyngddo a'r weinyddes gyndyn. Ildiodd honno'n anfoddog.

'Cristina! Rhywun isio chdi! Ma' hi 'di ca'l promoshiyn i'r llyfra 'chi. Wn i'm sut chwaith. Ma' rhai yn deud mai cysgu'i ffor' . . . '

Crafodd Alberto Romero ei heglau ar y ddaear

lychlyd wrth wrando ar gecru enllibus y weinyddes. Roedd rwdlian dibwys fel hyn yn codi'i wrychyn go iawn, yn enwedig ag amser yn prinhau.

Agorodd y drws yng nghefn y ciosg cyfyng a thrwyddo camodd Cristina, gan siglo o'r naill ochr i'r llall ar ei choesau main. Gwenodd pan welodd pwy oedd yr ochr draw i'r cownter a sgleiniodd ei llygaid llo bach arno.

'A! Alberto Romero! Braf, braf 'ych gweld chi yma unwaith eto. Dydach chi ddim wedi bod yma ers rhai misoedd naddo . . . ?'

'Chwe wythnos a thridia a deud y gwir, ond . . . ' Ceisiodd guddio'i gywilydd â gwên gynnil.

'Sut alla' i 'ych helpu chi heno? Llewyrch 'ta lloches? A chofiwch, fe gewch chi sedd orau'r tŷ gan Cristina Sánches.' Smiciodd ei hamrannau arno gydag awgrym o winc fach ffug-swil bob hyn a hyn.

Ar noswaith fel heno doedd fawr o wahaniaeth am wres yr haul. Pan ddeuai Alberto Romero i'r arena ar brynhawniau Sul llethol yn yr haf ers talwm, fe ddewisai'n ddoeth y seddau lloches, er eu bod ychydig drytach, ond fe gâi hwyl ychwanegol yn y fargen wrth wylio ymwelwyr yn gwingo a chynrhoni (yn llythrennol, bron!) ar y seddau llewyrch. Nid âi byth am y *barrera* serch hynny, sef seddi drytaf y tŷ yn y tu blaen ac mewn cysgod hyfryd. Roedd yn rhy hafin o lawer i dalu drwy'i drwyn dim ond am olygfa fymryn yn well, a chysgod drud.

'Rhwng llewyrch a lloches i chi heno dwi'n credu, Alberto Romero. Fydd hi ddim yn rhy oer – fe gewch ychydig o wres y machlud i'ch cynhesu – ac fe all fod yn lle go rhamantus ar ddiwedd dydd fel hyn cofiwch . . . Mil pum cant a saith deg a phump o besetas i chi felly, Alberto Romero.' Llithrodd y tocyn o dan y silff wydr yn gyfnewid am arian gwastad a baryn o *nougat* pinc a gwyn.

Swagrodd Alberto Romero am y brif fynedfa a'i gôt ledr ddrud yn sgleinio yn yr ychydig olau dydd a oedd yn prysur fynd yn hesb. Oedodd am ychydig cyn mynd i mewn. Un chwistrelliad arall o wefr cyn camu i'r *Plaza de Toros de Las Ventas* ysblennydd. Cau llygaid a gwrando ar hymian pell y dorf a oedd eisoes yn stwyrian yn ddisgwylgar. Clecian carnau ceffylau diamynedd ar lawr pren eu trelars. Gweryru rhwystredig. Bloeddiadau stondinwyr cegog. Hyrddiadau ysbeidiol o gyrn efydd y *pasodobles* swnllyd. Lledu ffroenau a llowcio arogleuon diwedd y dydd. Mwg egsôst yn codi ac awyr glir y nos yn cymryd ei le. Cnau a melysion yn sawr cymysg, cysurus. Arogl melys tail ceffyl yn cau am y cyfan. Bendigedig! Amsugnodd yr awyrgylch drydanol, dywyll. Naws egsotig, ddirgel, aflednais, amrwd. Balm i'r enaid!

Camodd drwy'r fynedfa lydan a gwau ei ffordd drwy rai o'r gwylwyr a oedd y dal i gicio'u sodlau a phwyso a mesur y *corrida* a oedd ar fin cychwyn. Ni hidiai fawr am fân siarad felly. Gweld y peth oedd yn bwysig, nid rwdlian yn ei gylch, a hynny cyn iddo ddigwydd hyd yn oed. Y fath ffwlbri! Esgynnodd y grisiau concrid gyda'r teils seramig o bobtu iddo a chamu ar hyd y coridor moel cyntaf. Cydiodd mewn clustog oddi ar silff gerllaw a rhoi ei docyn i'r swyddog. Gwyddai Alberto Romero yn rhy dda mai peils hynod boenus a gâi rhywun o eistedd yn ei sedd ar y grisiau concrid heb glustog. Taflodd ei wraig ei glustog fach bersonol ef rai misoedd yn ôl. Dyna pam y bu'n rhaid iddo logi un heno. Gwastraff arian, ond dyna fo.

Adleisiodd ei hen addewidion gwag yn ei ben wrth iddo feddwl am ei annwyl wraig. Roedd wedi addo, wedi rhoi ei air iddi na dywyllai'r *Plaza* eto, ond ni wnâi un ymweliad bach fawr o ddrwg, dim ond un . . .

Daeth y cyffro i sgubo'i gydwybod ac i chwalu pob edifeirwch i'r pedwar gwynt. Oedodd eiliad. Chwistrelliad sydyn arall. Camodd i mewn i'r arena a theimlo'r cryndod cyfarwydd yn ymledu drwy'i gorff. Roedd o yno, o'r diwedd.

Tawelodd y cylch a llonyddodd y lle ar amrantiad. Treiddiodd ffrwd wyllt o gyffro drwy wythiennau awchus Alberto Romero. Gwenodd yn fuddugoliaethus.

Bloeddiodd yr utgyrn ac agorwyd un o'r llociau. Ohono cerddodd *torero* ifanc gorchestol, ei ben yn uchel a'i ysgwyddau'n llydain wrth iddo orymdeithio'n ymffrostgar oddi amgylch y cylch a'i wisg secwinog yn sgleinio yng ngolau'r machlud. Gorfoleddodd y dyrfa, llamu i'r awyr a chorganu eu hanogaeth eiddgar. 'Garcia! Garcia!'

Oedd, roedd gan hwn steil, meddyliodd Alberto Romero. Rhyw ddawn reddfol i ddangos ei hun ar ei orau, i ddenu clod ei gynulleidfa. Coethder na welodd ei debyg ers i de Ubrique ysgafndroed lamu dros yr union ddaear ugain mlynedd ynghynt. Dyfnhaodd y wefr yn ei wythiennau.

Seiniodd y *pasodobles* un nodyn hirfaith, amrwd. Tawelodd y dorf. Agorwyd corlan. Eiliad o ddisgwyl tragwyddol. Yna, rhuthrodd tarw gwyllt drwy'r giât fel petai wedi ei hyrddio drwyddi. Sgrialodd o gwmpas y cylch a'r tywod yn hedfan rhwng ei garnau. Rhythodd ar Garcia, y *torero* heriol, cyn gwibio ato'n orffwyll. Chwifiodd Garcia ei fantell sgarlad fel petai ond yn chwarae ymladd, cyn troi yn araf a gosgeiddig i wynebu'r tarw a chamu ymlaen yn herfeiddiol. Rhuthrodd yr anifail gwyllt drwy'r fantell, gwibio at ymyl y cylch cyn arafu a throi, ond roedd ei wrthwynebydd yno o hyd. Yna ymbellhaodd Garcia a throi at ei gynulleidfa am glod.

'*Coca! Cerveza! Coca! Cerveza!* . . . ' Amneidiodd Alberto Romero ar y gwerthwr cegog a gerddai yn ôl ac ymlaen ar hyd y terasau concrid. Prynodd botelaid o gwrw *Mahou* oer. Roedd corganu gyda'r dyrfa yn waith sychedig, argyhoeddodd ei hun, ac nid oedd neb, hyd yma, wedi gynnig cegaid o win iddo o'r poteli niferus a gâi eu rhannu ymysg y dorf. Taniodd sigarèt ac ymsythu yn ei sedd. Dyfnhaodd y cyffro yn ei wythiennau.

Seiniodd yr utgyrn. Agorodd y llociau. Gwibiodd Joselito, Ponce a Gautier i'r cylch gan chwifio'u *banderillas* drwy'r awyr swnllyd a dangos eu hunain i'r dyrfa. Chwibanodd y ffyn lliwgar, pigfain wrth rwygo'r gwacter a thawelodd y dorf. Nesaodd y tri matador gwrol at y tarw a llamu'n ysgafn o'i flaen fel pe baent yn cyflwyno dawns goeth iddo. Yna, hedfanodd y *banderillas* drwy'r awyr a glanio'n daclus ar gefn yr anifail. Sgrechiodd y dorf eu cymeradwyaeth. Ni chlywodd yr un adyn byw yn y *Plaza de Toros de Las Ventas* riddfan y tarw clwyfus wrth i'r pigiadau dreiddio i'w gnawd cyn iddo syrthio ar ei liniau i'r tywod.

Roedd ysbryd gŵyl i'w deimlo yn y cylch, meddyliodd Alberto Romero wrth lowcio ei ail botelaid o gwrw. Teimlai ias y cynnwrf yn dal i fyrlymu drwy'i gorff eiddgar a gwenodd wrth ddiolch iddo'i hun am fentro i'r arena. Lol fu'r rhybuddion, y bygythiadau a syrthiodd ar ei glustiau moel. Pa ddrwg wnâi un ymweliad bach arall? Dim ond awran neu ddwy – ni ddeuai neb i wybod – ac ar ôl heno, ni châi fyth awydd i ddod yn ôl eto. Dyma'r tro olaf. Amneidiodd am *cerveza* arall ac ymunodd â'r dorf wrth iddynt regi mam y sawl a hyrddiodd y tarw pathetig i'r cylch.

Ond na. Rhaid oedd aros ennyd. Cododd y tarw lluddedig ar ei bengliniau llesg a herio Garcia am y tro olaf. Cododd ar ei garnau a chydag un ymdrech ddewr, lluchiodd ei gorff gwaedlyd i ganol y cylch. Un ymdrech arwrol arall. Ond daeth Garcia ar ei warthau, yn filain a phenderfynol. Gorweddodd y tarw yn llonydd a'i nerth prin yn prysur lifo o'i gorff. Trodd Garcia at ei gynulleidfa a oedd eisoes ar eu traed. Tynnodd ei fidogan a'i chodi i ddal goleuni'r machlud cyn cerdded yn ymffrostgar at y tarw llonydd ac anelu'r llafn.

Dyma benllanw'r wefr, meddyliodd Alberto Romero. Crynodd drwyddo, cau ei lygaid i fwynhau'r cyffro i'w eithaf ac anadlu'n ddwfn. Oedd o'n arogleuo'r gwaed? Llifodd ton o lawenydd cyflawn dros ei holl feddwl a gadawodd i'r bonllefau ei godi'n uwch na'r un wefr a brofwyd ar y ddaear erioed. Mentrodd agor ei lygaid.

Daeth tawelwch llethol dros y cylch am y tro cyntaf y noswaith honno. Daliodd pob adyn ei anadl am eiliad a ymddangosai'n oes. Yna, ar amrantiad, hedfanodd y fidogan drwy'r awyr a glanio rhwng llafnau ysgwyddau'r tarw a oedd eisoes yn hanner marw ar y ddaear gynnes. Treiddiodd y llafn i'w galon a chododd y corff unwaith, ddwywaith, deirgwaith, fel pyls cyson, cyn iddo lonyddu a pheidio.

Bloedd drydanol y wefr eithaf. Yna carlamodd pedair merlen i'r cylch a chlymodd y marchogion eu rhaffau yn ddiseremoni am goesau'r tarw marw.

Arweiniwyd y merlod drwy'r giatiau yn y pen pellaf i gyfeiliant ysgrechiadau canmoliaethus wrth i'r gelain gael ei llusgo'n ddiseremoni ar eu holau. Swagrodd Garcia gerbron y dyrfa gan ddawnsio dros y llwybr ysgarlad a redai ar draws y cylch.

Cododd Alberto Romero. Roedd y wefr yn ormod. Tynnodd ei gôt ledr oddi amdano a'i thaflu ar y llawr llychlyd wrth ei draed. Llyncodd yr awyr iach a blasu gwaed swper neithiwr yn ailddeffro ar ei dafod blysiog. Ni allai ei gorff fyth oddef hyn. Llamodd drwy'r rhesi o dyrfa oedd o'i flaen ac anelu am yr arena. Am eiliad, roedd honno'n wag wrth i'r matadors baratoi am eu perfformiad nesaf. Neidiodd Alberto Romero dros ymyl y cylch. Clywodd floeddiadau'r dyrfa. Teimlodd y wefr yn hyrddio drwy'i wythiennau. Rhedodd dros y tywod cynnes a'i waed yn pwmpio'n gynt ac yn gynt. Cododd ei ben mewn gorfoledd, ei lygaid gorffwyll yn ymbilio ar i'r duwiau ymestyn yr eiliadau'n dragwyddol. Roedd wedi cyrraedd ei nefoedd ar y ddaear.

Yn sydyn, agorodd y llociau a gwibiodd tarw gorffwyll i mewn i'r cylch. Roedd ei lygaid tanllyd wedi eu serio ar gorff cynhyrfus Alberto Romero . . .

Esyllt Nest Roberts

Sosij Seimllyd Sam

'Yr iwshwal ia, Mags,' mwmiodd Dici drwy'i jiwin-gỳm a'i gôti pen-ôl-mwngral. Roedd ei winc yn amrywio o ddydd i ddydd; weithiau'n araf-awgrymog wedi pnawn yn y pỳb, dro arall yn chwim-chwareus ar ôl bora yn y bwcis. Ond i Mags, roedd pob winc yr un fath. Saeth seithug wedi'i hanelu at ei chalon, at ryw fan gwan oedd wedi hen galedu y tu ôl i wrthglawdd ei dwyfron nobl.

'A be 'di dy "iwshwal" am fod heno, Dici?' Byddai ei archeb mor anwadal â'i winc a chan amlaf yr un mor seimllyd.

''Ol yr iwshwal 'de Mags!' llafarganodd yn nawddoglyd gan sgota am ambell gigl ymhlith ei fêts. Roedd hon yn hen ddefod. 'Ty'laen 'ta Mags . . . gesha . . . 'sgin i'm drw' nos, 'sdi . . . '

Dyna fyddai Sam, ei bòs, yn ei ddeud hefyd wrth chwarae 'pa law' efo goriadau'r storfa. Pan fyddai hi'n dyfalu'n gywir, fo oedd yn gorfod llnau a chloi am y noson, ond pan fyddai hi'n dyfalu'n anghywir, byddai hithau'n gorfod ei helpu. Roedd hi'n gwybod yn iawn ei fod o'n twyllo – gallai glywed clenc y goriadau'n newid dwylo y tu ôl i'w gefn mynyddig. Heno fyddai'r tro cynta ers blynyddoedd iddi gloi ar ei phen ei hun. Doedd neithiwr ddim yn cyfri . . . Oedd neithiwr, fel y cofiai hi o, wedi digwydd o gwbl? Oedd neithiwr yn ffaith neu'n ddim ond un o'r cannoedd o gynlluniau dychmygus a feddiannai Mags o dro i dro; cynllun eithriadol o glir a byw ond un na chyflawnwyd mohono?

'Ty'laen, Mags . . . ' swniodd Dici, 'gesha be 'di am fod heno.' Curodd Mags ei hewinedd fel carlam ceffyl ar y fformeica melyn. Arhosodd i'w hastudio am ennyd. Joan Collins, meddyliodd; mi geuthan dyfu'n hir ac yn glamyrys rŵan heb iddo fo eu galw'n *health hazard.*

'*Steak 'n kidney pie,*' cynigiodd. Ysgydwodd Dici ei ben a lledodd gwên ar draws ei wyneb fferat.

'Tria eto, cyw. Cym d'amsar.'

'Ga' i "asg ddy odiyns" Dici?' ymbiliodd Mags.

'Na chei.' Cyflymodd y cnoi. 'Gei di "ffiffdi-ffiffdi" gen i . . . 'Sa chdi'n ca'l "ffôn y ffrend" 'blaw 'sgin ti'r un . . . Mae o un ai'n batyrd sosij ne'n ffishcec.'

Pendronodd Mags . . . batyrd sosij, ffishcec . . . batyrd sosij, ffishcec . . . 'Ffishcec,' meddai'n bendant gan lygadu'r pentwr parod ar y silff o'i blaen.

'E-eeeeeee!' seiniodd Dici'n robotaidd, 'sosij 'di hi heno 'li. Sosij Seimllyd Sam . . . a tships.'

Gyrrai'r wefr a gâi Dici o ennill buddugoliaeth eiriol o'r fath iasau i lawr ei gefn cryman, gan sbarduno'r twitsh rhyfeddaf yn ei lygad chwith, fel mil o'i winciadau nwydus. 'Sosij . . . Seimllyd . . . Sam,' meddai'n araf wedyn, fel 'tae o ei hun wedi cyfansoddi'r cyflythreniad.

Roedd Sam yn enwog am ei sosij seimllyd. Ymfalchïai yn y tystysgrifau niferus a addurnai'r waliau melyn: '*Battered Sausage of the Year Award 1982*', 'Selsigen o Fri – Cig Cymru 1987' (wedi i Sam dyngu llw am Gymreictod yr hylifgig amheus – a darddai o ffatri yn Luton). Roedd yna hyd yn oed blac cymeradwyaeth y *British Heart Foundation* oherwydd bod creadigaethau arbennig Sam yn cynnwys olew naturiol, a llai ohono fo. (Roedd yn ganmoliaeth deg am y teirawr dyngedfennol, wrth gwrs.)

'Sosij Seimllyd Sam,' meddai Dici eto 'a . . . a . . . a . . .

a toman o bys slwtj on ddy said, 'de Mags!'

Rhochiodd y perchyll boch-binc a stelciai wrth y drws. Boddodd Magwen eu synau meddw yn hisian y twb ffrio. Gallai eu hanwybyddu am chydig, fel roedd hi wedi dysgu anwybyddu'r llaw grwydrol chwyslyd wrth iddi blygu i nôl mwy o sashes sôs coch. Ffrind da oedd ffrwtian jarfflyd y twb. Sawl sylw llysnafeddog a drochwyd ganddi ym mwrllwch y saim sglodion ar hyd y blynyddoedd? Sawl tro roedd hi wedi codi sŵn y radio neu ddiflannu i gefn y siop rhag gorfod gwrando ar yr hyn a gasâi'n fwy na dim – nid y sylwadau aflednais, nid y gweryru gwerthfawrogol, ond y saib bach annifyr hwnnw a ddilynai'r gawod wawd pan noethid enaid pob un o'r perchyll tu draw i'r crôm poeth; pan na allai Mags, ar ei gwaethaf, ond blasu olion eu heuogrwydd a'u tostur. Hynny oedd waethaf un. Hynny a wnâi ddwylo gwryw-grwydrol Sam yn llai goddefol.

'Does 'na'm batyrd sosij, sori.' Aeth pawb a phopeth yn ddistaw. Cyflymodd twitsh Dici mewn anghrediniaeth a pheidiodd y cnoi.

'Be? Be ddudist ti?'

'Does 'na ddim. 'Dan ni allan o batyrd sosijis. Fydd raid i chdi ddewis rwbath arall.'

Roedd Dici mewn sioc. Doedd hyn erioed wedi digwydd o'r blaen. Dim batyrd sosij? Doedd y peth ddim yn bosib . . .

'Ma' raid bod 'na. Ma' raid bod 'na, Mags!'

Ysgydwodd Mags ei phen yn araf wrth resymu: roedd hi'n siŵr nad oedd yna fatyrd sosij ar ôl oherwydd roedd hi'n cofio taflu pob dim o'r rhewgell neithiwr. Roedd arni angen y lle i gyd. Roedd o dan ei sang . . .

Suddodd Mags i ddyfnder oer y sylweddoli. Neithiwr! Roedd o *yn* ffaith. Roedd neithiwr *wedi* digwydd. Roedd y rhewgell yn llawn. Roedd y dyn sbwriel wedi bod. Doedd yna'n bendant yr un batyrd sosij ar ôl.

Tynnodd Dici'r talp gludiog o'i geg – doedd y blas ddim cystal ag y bu – a'i sodro'n ddiseremoni y tu ôl i'w glust dde.

'Lle ma' Sam?' Daeth y cwestiwn fel bollt a llorio Mags am ennyd, dim ond am ennyd ond ni sylwodd neb.

'Mae o i ffwr' ma' gin i ofn – long wic-end yn Denbigh.'

Crinodd enaid Dici o'i blaen. 'Fasa hyn byth yn digwydd tasa Sam yma.'

Gwir, meddyliodd Mags.

'Allan o batyrd sosijis myn uffar i . . . fasa fo byth yn bod mor flêr.'

Ond un blêr oedd yr hen Sam – dwylo blêr, gwên fudur, hen ddwylo budur . . .

'Wel mi geith Sam w'bod am hyn pan wela' i o. Be ti'n feddwl ddudith o pan ffendith o bod sdoc y lle 'ma'n mynd yn rhemp munud mae o'n troi'i gefn?'

Ei gefn o . . . ei hen gefn lympiog hyll o, cofiodd Mags. Ei hen ddyffrynnoedd llaith lle casglai chwys ddoe ac echdoe, a'r hen flew llwyd-ddu cras a eginai fel chwyn uwch ei goler bỳg a thrwy'r bwlch annymunol hwnnw rhwng godre ei grys a'i falog . . . ei falog . . . doedd hi ddim . . . oedd hi? Allai hi fod wedi? Cyfogodd Mags wrth ddychmygu . . . neu gofio . . . Pa un?

'Dos i jiecio yn y cefn,' gorchmynnodd Dici. 'Ella fod 'na un yn y dîp-ffrîs.'

Adfywiodd Mags. 'Ella fod Sam 'di gadal rwbath ar 'i ôl. Mi a' i am sgowt os lici di,' ac i ffwrdd â hi am y storfa gan adael y nadredd *P.V.C.* amryliw i grynu ar ei hôl.

Roedd pob dim yn union fel y cofiai hi o: y botel sôs coch yn deilchion, y ffedog rwygedig, y pacedi o *Fifty White Bumper Baps* a wasgwyd yn obenyddion ynghanol yr ymgiprys, a hyd yn oed arogl digamsyniol y cyffro cnawdol a oedd yn dal i oedi rhwng y jariau wyau picl. Ffieiddiai Mags ati'i hun. Ceisiodd fygu'r atgofion am sgarmesau tebyg rhwng Dici a hithau dro'n ôl, am y prynhawniau digwsmer ar lawr y storfa pan oedd Sam i ffwrdd yn gweld ei frawd yn Denbigh. Sam . . . Doedd ond un ffordd o gadarnhau ei hamheuon am neithiwr. Agorodd ddrws y rhewgell yn araf gan geisio dirnad pam mai dim ond y masweddwyr ffieiddiaf, atgasaf y llwyddai hi i'w cyfareddu . . .

'MAAAAAAGS!' Dici'n hefru. Fferrodd Mags wrth i'r cymylau ddadorchuddio'r hyn roedd hi wedi'i ofni . . . dim batyrd sosij.

'Dwi'n dooooooooooood,' galwodd Mags yn hesb.

'Asu, congrats, Mags – tro cynta i bob dim does!'

Dan amgylchiadau gwahanol byddai Mags wedi anwybyddu hyn fel defnyn o law annhymig, ond yng ngŵydd yr hyn oedd o'i blaen, roedd yn amhosib. Gorlethwyd hi gan dosturi diffuant – bechod, meddyliodd, na fedrai o ddal ei dafod. Fu hi ddim chwinciad cyn dod o hyd i'r hyn oedd arni ei eisiau. Arhosodd y tu ôl i'r cyrtans plastig am eiliad i glywed gwaddod gwerthusiad graffig o'i phen ôl. Dici oedd uchaf ei gloch ansoniarus yn cydnabod gwerth 'rwbath efo dipyn o afa'l ynddo fo' ond yn cwestiynu manteision 'rwbath na fedri di'm gafa'l rowndo fo!'

Hwyliodd Mags at y twb ffrio i gyfeiliant chwerthin

gyddfol. Trochodd y selsigen lefn yn yr hylif llaethog, yna'i gollwng efo sblash i mewn i'r saim, yn llawn argyhoeddiad newydd.

'Pum munud, iawn Dici?' Sodrodd ei chluniau meddal ar stôl a suddo rhwng tudalennau melyn-frown ei *Mills and Boons*. Doedd hi ddim wedi cael dianc i *The Isle of Desire* ers ei bore rhydd ddydd Mawrth, a hithau erbyn hyn yn nos Wener ac Antonio druan wedi bod ar dân ers dros ddeuddydd. Teimlai Magwen ei fod o a hithau'n llawn haeddu rhyddhad snog gynta'r nofelig.

'*He placed his lips soflty on hers . . .* '

'Pum munud?' Daeth yr adwaith ohiriedig cyn iddi fedru dod o hyd i'w lle yn iawn. 'PUM MUNUD? Be ddiawl ti'n feddwl ydi fa'ma d'wad, RESTRONT?' Âi Dici ddim ar gefn ei geffyl yn aml ond pan âi, gweryrai fel hen gaseg. 'Dwi 'rioed 'di gor'o weitiad o'blaen . . . RIOED, Mags.'

Roedd ei lais yn ffalseto afresymol a'r corws denim du yn sylwebu'n *sotto voce* o'r drws.

Ochneidiodd Mags. Doedd o rioed wedi aros am ddim. Osododd o rioed ei wefusau'n dyner ar ei rhai hi, chusanodd o rioed ei gwar, lusgodd o 'rioed ei fysedd *'like the flutter of butterfly wings'* i lawr ceudod ei chefn na sibrwd *'you've got the most beautiful eyes I've ever seen'* yn ei chlust. Romàns. Pashyn. Antisipeshyn. Chafodd hi ond cyffwrdd y pethau hyn trwy fenyg ffuglen clawr meddal.

'Yli Dici,' rhesymodd Magwen, 'chei di'm batyrd sosij heb 'i ffrio hi 'sti . . . os nad w't ti'n teimlo fel rhoi stid iawn iddi hi dy hun. Ti 'di hen arfer g'neud hynny, do?'

Roedd o'n nesu at y cownter, ei ffroenau'n adlewyrchu fel dwy fegin ddu yn y crôm gloyw.

'Be ddudist ti'r ast?' Tawelodd y trafod ymylol a throdd pob llygad at Magwen. Hoeliodd hithau ei rhai hi ar y ddafad amrwd a nythai rhwng aeliau Dici – golygfa nid hardd, ond brafiach na'i lygaid dudew. Roedd y ddafad yn ei hatgoffa o'r tyfiant bach caled oedd gan Sam ar gledr ei law. Teimlo hwnnw, yn hytrach na'i weld, yrrai gryndod drwy Mags; y gwybod mai'r grachen fu Sam yn ei phigo ar y slei oedd yn crafu'n erbyn ei chroen. Atgof cyndyn am y storfa – y ddafad grychlyd yn crwydro'n bellach nag arfer i borfeydd breision ei bra. Bodio'r bachyn yn drwsgwl. Cnawd yn rhwygo. Y waedd. Y slap. Yr oslef hyll wrth ddweud 'Reit 'ta, madam . . . '.

'Reit,' meddai Mags yn yr un oslef, 'os w'ti ti isio dy jips a dy batyrd sosij,' geiriodd yn araf uwch sibrwd y sglodion, 'fydd raid iti weitiad amdanyn nhw fatha pawb arall.' Cafodd hyn yr un effaith â gwthio nodwydd wynias i mewn i'r ddafad.

'Ast!' poerodd Dici. Cynyddodd clegar yr olew. 'Twenti îyrs o dy shitin' saim di, a fel hyn ti'n 'y nhrin i?'

'Dwi'm yn dy drin di.' A be am shitin' Sam, meddyliodd Mags, a'r ffordd y cafodd hi ei thrin dros yr ugain mlynedd dwytha? Y bygythiadau hunangyfiawn, yr atgofion bach cynnil – 'dwi'n gwbod, Mags ac mi geith pawb yn dre wbod os na . . . '.

'Twenti îyrs!' cythrodd Dici gan ddyrnu'i fol blonegog fel talp o feichiogrwydd anfwriadol. 'Twenti îyrs, dy gwsmar gora di, a rŵan ti'n deud bo' raid imi weitiad . . . WEITIAD . . . '

Giglodd y swigod saim a chrynhodd protest Dici yn ddyrnod tynn.

'Ol gwd things, Dici,' ebe Mags yn ei monoton

goddefol.

'Ia, cwl hed 'wan . . . ' eiliodd un o'i gymdeithion. Roedd y ffrwtian yn ffyrnig a'r twitsh yn llygad Dici'n gyrru'r gwingiadau rhyfeddaf drwy'i holl wyneb. Cyflymodd dawns y blew trwyn.

'DWI . . . ' meddai'n ymdrechgar fel corrach rhwym, 'ISIO 'MWYD . . . ' gwthiodd ei ên fach dinflewog allan cyn belled ag yr âi, ' . . . RŴAN!' Rhuodd y gair olaf gan noethi pob ffiling a briw amrwd yn ei geg a bendithio Magwen â chwa chwerw o'i halitosis. Llafarganodd hithau wrthergyd goeglyd.

'Plîs, ia Dici?' Piffiai'r gynulleidfa wrth i'r saim dasgu ei chwerthin. Gwasgodd Dici ei ddwrn yn golsyn eirias.

'Sguthan hyll,' sgyrnygodd. Nid oedd dilorniadau yn mennu dim arni bellach ac roedd wedi hen gynefino â dyrnau annisgwyl.

'Ol gwd things, Dici.' Roedd Mags yn pefrio. Yn cofio. Canai'r swigod melyn-goch glod i'w dewrder a suai'r sglodion eu hedmygedd hwythau. Cododd Dici ei ddwrn fel bwyell uwch ei ben a'i hyrddio i lawr yn daran ar y cownter crôm. Gwichiodd fel mochyn wrth i sioc y llosg yrru gwayw ingol drwy'i fêr. Rhegodd yn ei ddyblau gan chwythu mwy o'i anadl amhersawr ar ymyl boenus ei law binc.

'Oooo Dici,' mwynheai Mags y clochdar mamol, 'ugain mlynadd a ti byth 'di dysgu be mae'r sein bach 'na'n ddeud.' Cyfeiriodd Mags at y rhybudd coch metalig: HOT DON'T TOUCH. Grwgnachodd Dici'n grintach y tu ôl i'w gôti gafr fel rhyw Rympylsdiltsgin di-hud, diledrith. 'A bai ddy wê, ma'r un worning yn wir amdana i o hyn ymlaen, iawn?' Tynnodd Magwen y fasged ddur o'i saim a gostegodd sŵn y ffrio.

Pysgotodd yn gelfydd am y rholyn efydd, crin, a'i osod ar ei orsedd o dalpau euraid, yna arwisgo'r cyfan efo gronynnau hallt a dagrau finag. 'Wan – neinti.' Lapiodd y trysor chwilboeth yn barsel a'i gyfnewid am ddwybunt lugoer. 'Ol gwd things, yli Dici.'

Wrth i'r pishyn deg cynnes lanio'n ei law, gwawriodd rhywbeth dieithr dros yr wyneb fferat.

'Wsti be? Ti'n iawn Mags. Ol gwd things cym tw ddos hw wêt,' meddai Dici, fel dweud adnod. Cydiodd yn dyner yn y bwndel fel pe bai'n fabi newydd-anedig a'i gario ar bererindod drwy'r môr o fêts astud.

'Naci Dici . . . ' Trodd Dici i wynebu Mags. 'Ol gwd things cym tw an end, yli.'

Syrthiodd y wên y tu ôl i'r blew bach pigog a dechreuodd y môr ddymchwel mewn tonnau o chwerthin o'i gwmpas. Cythrodd Dici am adra gan rwgnach rwbath am iddi 'gadw'i ffwcin tships'.

Roedd hi wastad yn braf cael troi'r arwydd 'OPEN' i'w hwynebu ac arddangos y geiriau 'SORRY – CLOSED' i'r byd. Ond nid oedd ar Mags yr un ymddiheuriad i neb y noson honno wrth iddi droi'r arwydd bach am y tro olaf un. Daliodd ei llygaid ei hun yng ngwydr y drws. Bron na theimlai'n dlws. Tynnodd glwytyn gwlyb ar hyd y fformeica melyn a gadael iddo syrthio'n ddiog i'r llawr. Doedd 'na neb i'w cheryddu, neb i'w gorchymyn i'w godi, neb i ymbalfalu am ei phen ôl pan blygai i lawr . . . Gwisgodd ei chôt a chymryd cip terfynol ar y storfa. Doedd hi ddim wedi symud dim. Câi pobol roi dau a dau at ei gilydd. Fyddai Mags ddim yma i'w clywed nhw'n gwneud pedwar a pha wahaniaeth iddi hi tasan nhw'n gwneud pump? Rhoddodd *The Isle of Desire* yn ddiogel yn ei bag llaw. Câi ei ddarllen ar yr awyren. O fewn dim byddai drama'r storfa gefn yn angof, wedi'i lapio fel prydyn seimllyd mewn haen ar ôl haen o bapur llwyd, cras a newyddion wythnos diwetha. Gosododd y larwm a chloi'r drws. Fyddai Dici ddim callach, efo'i dêst-byds llygredig a'i ddychymyg llipa. Ella y deuai i ddeall rhyw ddydd, ond am heno, câi fwynhau pob cegaid swnllyd, pob brathiad barus, pob llyfiad rhochlyd o Sosij Seimllyd Sam – yr unigryw, y cyntaf a'r olaf. Heno câi gysgu'n swrth fel mochyn ac fe gâi hitha noson effro o bacio, cynllunio a breuddwydio am ryw Antonio mewn sicrwydd melys y basa Dici'n deffro fore trannoeth efo cramp ciaidd yn ei stumog a'i jiwin-gỳm yn gusan damp yn ei wallt.

Gwyneth Glyn

Awdur ar werth

Awdur Amryddawn.
Profiadol ym maes y ffug-chwedl a'r rhamant hanesyddol ac
â'r gallu i gyfansoddi cofiant neu ysgrif yn ôl y galw. Hyddysg
a huawdl mewn cyflythrennu ac yn gallu barddoni neu odli
mewn stori os oes angen peth felly. Telerau teg. Cysyllter â
bocs rhif deg. (Dim rhif ffôn.)

Cryno ond cyflawn. Diddorol. Cynhwysfawr. Proffesiynol a phendant. Dweud y cwbl heb ddweud gormod. Yn union fel y dylai darn yr Awdur Amryddawn fod, am wn i.

Ac Annwyl Gynulleidfa, dyna ydw i dalltwch – Awdur Amryddawn. Y fi 'di Awdur anhysbys yr hysbyseb, yn hysbysebu'r ffaith 'mod i'n gallu ffugio wrth 'sgwennu, a chuddio'r ffaith mai ffugio'r ydw i. Deall? *Comprende?* Nac ydach debyg, achos dim ond Awdur fel finna fedr ddeall cymhlethdod y cyfan. A dyna ydw i dalltwch – Awdur Amryddawn.

A dwi 'di gwneud y cyfan yn fy nhro, Annwyl Gynulleidfa. Mi wnes i chwarae efo chwedlau ar y dechrau. Clywed, cofnodi, sgwennu'r stori a chyhoeddi. Gwerthu a gwneud elw go lew ar y gêm i gyd. Treulio oriau yn gludo posteri mewn ffenestri siopau llyfrau a hyrwyddo, hyrwyddo hyd syrffed. Gwastraffu copïau ar gystadlaethau, rafflau a phob math o rwts felly ac ambell un yn gwerthu. Ambell brynwr yn gwirioni. Ond creadur anniddig ydi'r Awdur Amryddawn, yn codi'i bac a'i heglu hi 'rôl dechrau laru. A dyna wnes i, Annwyl Gynulleidfa. Cael llond trol o lond bol a symud 'mlaen. Symud i'r rhamant a'r cofiant a'r ysgrif a phob sgwennu arall oedd yn gwneud synnwyr bryd hynny. Dim arbrofi. Dim chwysu. Dewis bywyd braf a chodi beiro bob rhyw hanner awr, am bum munud – dim mwy, a bodloni. Dim ond disgwyl i rywun beidio byw a sgwennu amdano'n farw. Yn farwaidd.

Papurau bro a'r Babell Lên am yn ail ac am y gorau am yr ysgrif nesa'. Llenwi bwlch gwyn gwag a'i ddyrchafu'n golofn drwy stwffio hanner awr o hel meddyliau'r Awdur Amryddawn ar brynhawn Iau i'w grombil. A neb yn gwrando. Yn pendwmpian, hanner chwyrnu, ond yn mynnu bod yno a gwres trymaidd y ganfas dros y sedd, dan yr haul, yn dechrau mygu. A finna'n dechrau chwysu. A dechrau mwynhau'r ymdrech, yr ymlafnio, yr herio, a dechrau sgwennu o ddifri i blesio beirniaid y testun gosod. Mor hawdd ar ôl ymchwilio. Deall steil a sŵn a synnwyr y gwŷr sy'n dewis ac ailwampio'r cwbl heb drafferth yn y byd i gyfeiliant cymeradwyaeth cynulleidfa lywaeth yr Eisteddfod.

A falla eich bod chi yno, Annwyl Gynulleidfa, yn gwylio'r Awdur Amryddawn am y tro cyntaf yn eistedd ar ei orsedd yn gwenu ar ei Werin, yn chwerthin yn gyfrwys am eu penna nhw, Annwyl Gynulleidfa. Am eich penna chi, Gynulleidfa, ac yn gwybod yn iawn y basa pob un wan jac yn hoffi bod yno efo fo, efo fi, yn fy lle i, yn cuddio'r dyheu di-ben-draw efo clap ar ôl clap ar ôl gwên ar ôl gwên ar ôl bloedd, a chopi o'r campwaith dan eu breichiau o fewn oriau.

A finna'n Awdur Amryddawn ar ben fy nigon, ar ben fy myd, yn sgwennu fel slecs ac yn hawlio'r sylw i gyd efo unrhyw rwts yr oeddwn i'n sgwennu bryd hynny. Lluchio ambell syniad doeth ac ansoddair dieithr i does y sgwennu a'i osod ym mhopty'r cyfryngau i'w bobi a dod allan yn berffaith. Yn ddigon da i'w fwyta, i'w lowcio, cyn i'r cwbl droi'n stêl a'r bwytwrs mawr yn dechrau syrffedu a diflasu ar hen rysáit y rhigymau a dechru dyheu am rywfaint o sbeis a safon a blas ar y bwyd. A chreadigaethau'r Awdur Amryddawn yn cael eu gadael yn angof yng nghwpwrdd y gegin, i lwydo a bwydo'r llygod bach oedd yn mentro gyda'r nos i chwilio am be welan nhw.

Ond efo straeon felly y dechreuodd petha ddrysu a chymysgu, a finna heb fod yn siŵr a oeddwn i'n mynd neu'n dod wrth farddoni neu sgwennu stori. Roedd 'na rai yn honni 'mod i'n gwneud llanast o lên a phetha felly. Falla wir, Gynulleidfa, ond falla fod llên yn llanast p'run bynnag a neb 'di sylweddoli, cyn i mi greu stori o'r cwbl a'r cwbl yn dechra creu hebdda i . . .

Nid ffliwc oedd y fflach o weledigaeth ddaeth imi wrth feddwl am sgwennu'r hysbyseb. Dydi 'ffliwc' ddim yn rhan o eirfa'r Awdur Amryddawn. Rhyw elyn o air, fel 'copi' neu 'addasiad', 'methiant' neu 'lênladrad'. Dyna 'di 'ffliwc'. Gair sy'n atgoffa rhywun efo digon o grebwyll o 'fflem', 'ffwr-a-hi' a 'fflop'. 'Ffawd.' Dyna faswn i'n ei alw fo ac mae ffawd yn golygu rywbeth go wahanol. Rhywbeth sy'n cynnwys y cosmos i gyd. Yng nghanol hynt a helynt y bydysawd a'i bobl, fe benderfynodd ffawd ei bod hi'n hen bryd imi ddechrau hysbysebu. Creu hysbyseb arbennig i'r Awdur Amryddawn. Creu uchafbwynt ar ddiwedd pennod neu ddechrau gogleisiol i gyfrol newydd sbon danlli grai. Gan y Dewin Geiriau. A phwy'n well i lunio abwyd arbennig i bysgod mân diniwed a'i guddio'n daclus rhwng y llinellau? Agor drysau, cynnig cyfweliadau i gant a mil o gymeriadau gwahanol a'r cwbl am y gorau i gael sylw a siawns am ran yng nghast diweddara'r Awdur Amryddawn.

Achos ni fedr Artist beidio, Annwyl Gynulleidfa. Ni fedr Awdur Amryddawn ymddeol yn gynnar a symud i Sbaen i chwarae golff efo'i gymar hyd Ddydd y Farn. Nid felly mae pethau'n gweithio, Gynulleidfa. Rhaid i Artist greu, rhaid i Awdur sgwennu ac mae'n rhaid i chi fod yno'n gyson i werthfawrogi, Annwyl Gynulleidfa, ar ôl i dudalennau gwag droi'n llwyfan parod i gast o gymeriadau yn symud a siarad yn ôl fy nghyfarwyddiadau. A finna'n ymddangos ar y diwedd i gyfeiliant cymeradwyaeth gynnes a chawod o flodau. A'r wefr, Gynulleidfa, yn ddigon i'm gyrru i sgwennu'r nesa a'r nesa a'r nesa . . .

Ac fe ddaethon nhw'n llu, Annwyl Gynulleidfa, fel ŵyn i'r lladdfa o bob cwr, o bob cefndir, wedi'u hudo'n llwyr gan hud yr hysbyseb a'r gobaith o gael dianc dros ffin eu gerddi twt trwy allu rhyfedd y Dewin Geiriau, trwy straeon hud yr Awdur ei hun. Achos dwi'n Awdur Amryddawn, Annwyl Gynulleidfa; dwi'n Artist, yn greadur creadigol. Fedra i ddim byw mewn *semi-detached* yn Nheyrnas Swbwrbia efo dau o blant a Volvo, Gynulleidfa. Fedra i ddim brwsio'r dail o'r llwybr bob bora na phydru o flaen operâu sebon seimllyd y teledu, Gynulleidfa. Talu'r bilia, trwsio sana, cofio prynu anrhegion pen-blwydd a rhoi'r binia allan bob nos Iau cyn cau'r llenni a throi cefn ar ddiwrnod arall o ddiflastod pur a syrthio i gysgu. Eich rôl chi 'di honno, Annwyl Gynulleidfa. Fy ngwaith i ydi difyrru.

Dwi'n yfed coffi yn y prynhawn heb boeni am flewiach yn y siwgr na rhialtwch mân fudreddi mewn caffis efo byrddau crôm coch a sgriffiadau blynyddoedd o ewinedd dwylo blewog anniddig wedi eu plannu i'r plastig, a gwaedu. Dwi'n cerdded, meddwl, mwydro, barddoni. Dwi'n eistedd, myfyrio, cyfansoddi, sgwennu stori. Dwi'n perfformio. Dwi'n yfed wisgi heb ddŵr tan oriau mân y bora, bob bora ac efo rhew yn y gaea'. Dwi'n smocio'r stwff gora ac yn sgwennu nofel neu bryddest ar awen aneglur mwg y cyffur a hynny cyn brecwast. Peth felly 'di 'mywyd i, Annwyl Gynulleidfa, yn wahanol i chi . . .

Roedd o'n boenus ar y dechra, am y pum munud cynta. Pan o'n i'n cogio-bach gwneud ambell baned, estyn bisgedi ar blât bach del efo doili a gwrando wrth ddisgwyl i'r tegell ferwi, a'r un dôn gron gan yr hwn a'r llall ac arall, dro ar ôl tro ar ôl tro.

'Ia cofiwch, ac wrthi'n siarad am y peth oeddan ni pan welson ni 'ych adfyrt chi, Mr y-y-ynde Dic? Ia wir, a dyna feddwl y basa hi'n eitha syniad rhoi ring bach ichi, dim ond i holi, ynde Dic?'

'Ia wir . . . '

'Achos mae gan Dic 'ma ddiddordeb mawr mewn hel acha, gwneud y ffamili tri a ballu. Wedi bod wrthi ers blynyddoedd erbyn hyn, yndo Dic?'

'Do, ers . . . '

'Tynnu am tua pymthag mlynadd erbyn hyn chi, yntydi Dic?'

'Ydi, am wn . . . '

'Ac wedi cyrraedd 'nôl i ffifftîn-twenti-thri hyd yn hyn, wyddoch chi. Do wir, yndo Dic? Ffifftîn-twenti-thri. Ac felly meddwl yr oeddan ni y basa ambell bennill am ein hanes ni'n lyfli, yn basa? Ac mi fasa rhywun yn gallu ei sgwennu mewn caligraffi wedyn, achos dwi'n nabod rhywun sy'n gwneud hynny, a'i fframio'n daclus a rhoi'r cwbwl i hongian uwchben y lle tân yn parlwr. Ynde Dic?'

'Wel, ia . . . '

'Ia.'

Englyn parti deunaw a phryddest pen-blwydd priodas. Cerdd fer i fedydd ac un fyrrach i angladd. Pennill i agor canolfan hamdden a set o gardiau priodas ruddem. Cofeb hen lanc nad oedd gan neb air da amdano, dim ond teimlo mai dyna ddylid ei wneud, o dan yr amgylchiadau.

Ac efo pobl felly y gwnes i benderfynu. Pobl ddiflas felly, a'u hiaith nhw'n merwino fy nghlustia wrth iddyn nhw dreisio geiriau bendigedig a'u gosod mewn brawddegau diddigwydd. Penderfynu eu gwthio nhw i greu ac os nad oedd ganddyn nhw stori i'w hadrodd, eu gorfodi i gydweithredu, i gymryd rhan mewn hanes hynod yn hytrach na'u gadael i rygnu 'mlaen a phydru mewn bywydau blinedig, statig.

Mi fûm yn cynllunio am wythnosau a chyn hynny yn fy nychymyg, achos hwnnw sy'n teyrnasu hynt a helynt, cyfeiriad a chasgliad yr Awdur Amryddawn. Hwnnw sy'n penderfynu, Annwyl Gynulleidfa – y dychymyg. Roedd y cwbl yn fyw ac yn ferw yn fy nychymyg i cyn iddyn nhw gyrraedd, cyn iddyn nhw 'styried wrth synfyfyrio dros yr hysbyseb â phaned yn eu llaw, yn rhyw hanner darllen gweddill y papur. Cyn iddyn nhw basio na fasa hi'n gwneud dim drwg i holi, a galw draw wedyn ar ôl cael eu plesio wrth ffônio a sgwrsio a ffalsio. Cyn iddyn nhw ganslo gêm bingo ar nos Lun a gyrru draw yn gynhyrfus ddigon i gael trafod. Taro bargen, am delerau teg. Cyn iddyn nhw ganu'r gloch yn ddiniwed a dechrau sôn am y tywydd i ddod dros eu swildod wrth gamu dros y mat brown ar y llawr a'r gair CROESO yn twyllo. Cyn i'r drws gau'n glep y tu ôl iddyn nhw a'r CROESO'n diflannu a hwythau'n ceisio darbwyllo'u hunain mai pobl ryfedd fu awduron erioed ac nad oedd hi'n syndod yn y byd fod y tŷ mor dywyll, yn gybolfa o ddryswch, ac yn drewi. Cyn iddyn nhw sylweddoli, yn rhy hwyr, a dychymyg yr Awdur Amryddawn yn carlamu, yn gwirioni, ac am y tro cyntaf erioed roedd eu dychymyg hwythau hefyd yn carlamu i gyfeiriadau dieithr, hunllefus. Wrth iddyn nhw sylweddoli a deffro'r synhwyrau.

Trodd y cyfan yn gêm, i mi beth bynnag; i'r Awdur Amryddawn. Oherwydd er gwaethaf pwysigrwydd cynllunio, eistedd i lawr am oriau i drefnu pethau'n daclus yn y dychymyg, meddwl yn galed a tharo ambell ddisgrifiad ar bapur a gosod y cwbl ar gyfrifiadur yn synhwyrol – mae 'na elfen gref o chwarae yng ngwaith yr Awdur. Elfen o hapchwarae efo syniadau. Gosod y cyfan yn nwylo ffawd i gyd-weithio gyda dawn yr Awdur Amryddawn a gwylio campwaith yn datblygu. Ac er mwyn hynny y daeth y gêm i'r fei. Rhyw dipyn o hwyl cyn y *finalé* a phawb yn eistedd ar eu penolau mewn cylch heb unrhyw olau, ar wahân i gannwyll unig yn goleuo. Cannwyll yn y canol, yn ddigon i weld y rhifau ar y dis 'rôl ei luchio, a'r dis yn penderfynu, a llygaid yn y cylch yn dechrau fflachio, dechrau cynhyrfu, a'r Awdur Amryddawn yn gwenu wrth i'r gêm gyffroi drwyddi, wrth i gynllun y plot ddatblygu ac wrth i'r stori ddechrau sgwennu . . .

Dau smotyn bach, un yn y canol a dau ar y gwaelod . . . pump! Hwrê! Un bach neis i ddechrau, a'r Awdur Amryddawn yn arwain un o'i westeion i ystafell fechan, fechan, fechan, neu focs os dymunwch chi. Tawelwch a thywyllwch. Dwy elfen i hybu'r Awen, neu i fygu, a thwll ar un ochr i anadlu a chael ambell bryd o fwyd fel bwyty *drive-through* yn gwthio byrgyrs drwy ffenestri. Digon i'r Awdur Amryddawn arsylwi a chofnodi canlyniadau ei arbrawf cynta ar lyfr nodiadau newydd sbon a'r tudalennau gwyn glân heb eu difetha, hyd yma, a throsglwyddo'r cyfan i'w gymeriadau a gadael ei westai yn sownd mewn bocs sgidiau.

Tri. Tri smotyn aur o gornel i gornel. Anhygoel! Arbrawf gwerth chweil yn wobr i'r enillydd llwydaidd â'r wyneb llaith a'r Awdur Amryddawn yn arwain un o'i westeion i ystafell fechan, fechan, oer, oer iawn a rhew yn dringo'r waliau o'r llawr llechen caled a'r gwestai'n dechrau crynu, dechrau rhegi, dechrau rhewi. Yr Awdur Amryddawn yn gwirioni wrth gloi'r drws haearn ac arbrawf arall bellach yn gweithio a'i gymeriadau caeth, o'u gwthio, yn dechrau ymateb, dechrau cyd-weithio, dechrau gwylltio. Digalonni. Ambell un yn gwallgofi. Y stori fawr yn prysur ddatblygu . . .

Eto ac eto. Ei luchio i'r awyr a'r gwestai'n gweddïo, yn dyheu a dyheu am i'r smotiau ddiflannu. Ond gêm yr Awdur Amryddawn oedd hon, Gynulleidfa, a'r Awdur ei hun oedd yn deall y rheolau, yn creu y rheolau, yn gwylio'i Gynulleidfa mewn cylch yn crio ac yn mwynhau gwylio'r dagrau, i'w defnyddio at eto. Dwy res o dri. Chwech! Y rhif uchaf! Y wobr am hynny yn ddim llai na'r eithaf a'r Awdur Amryddawn yn arwain un o'i westeion i ystafell fechan, fechan â drych yn y gornel. Sodro ei westai o flaen llun blêr o'i ddagrau a'i glymu'n sownd ac yn syth a botymau ei grys yn agored i'r byd – i fyd cyfyng yr ystafell fechan. Annwyl Gynulleidfa, dyna lle y bu – yn gwylio ei fogail yn chwyddo a pheidio ac yntau'n crefu am rywun i'w fwydo. Sgrechian a strancio a bloeddio a gweiddi a gofyn yn ddistaw a sibrwd droeon, a'r Awdur Amryddawn yn sgwennu a sgwennu a'i lyfr nodiadau bron iawn wedi'i lenwi. Rhes ar ôl rhes o inc blêr a brysiog yn gofnod o hynt a hanes gwesteion a'r Awdur Amryddawn ar ben ei ddigon, ar ben fy nigon, wrth i fwy a mwy a mwy groesi'r rhiniog. Creu cymeriadau wrth chwarae a chwarae, a'r dis yn dal i droi a neb byth yn ffoi. Caeth o fewn ffiniau a rhediad y stori. Perfformio ac actio yn ôl cyfarwyddiadau ac yn waeth na dim, yn sownd rhwng y cloriau. Y dis yn dal i droi, a neb byth yn ffoi . . .

'CNOC.'

Mi ddaethon nhw i'r drws.

'CNOC.'

Dwi'n cofio hynny.

'CNOC.'

A styrbio. Styrbio petha'n lân.

'CNOC, CNOC.'

A tarfu. Tarfu ar fy nhraws i. Ar draws y stori.

'CNOC, CNOC, CNOC.'

A byddaru. Sŵn, sŵn, sŵn dros y tŷ i gyd a finna'n ceisio sgwennu ac yn methu oherwydd y cnocio di-baid, heb stopio . . .

'CNOC, CNOC, CNOC, CNOC.'

Maen nhw ar ôl y stori, ar ôl fy nghampwaith i. Maen nhw isio'i throi hi'n dystiolaeth sych i'w rhoi mewn bocs llwyd i hel llwch ar ôl achos llys, ond methu ddaru nhw achos dwi'n cofio ei thorri i gyd yn ddarna mân o bapur gwyn a lluchio'i hanner i'r tân a throi'r fflamau'n Gynulleidfa, a llyncu'r gweddill efo joch o wisgi a 'ngwddw i'n llosgi wrth i linellau duon llwm y papur hollti'r cnawd a thynnu gwaed y tu mewn i'm llwnc i. Chwydu wedyn, ond erbyn hynny roedd y stori 'di diflannu.

'CNOC.'

Wn i ddim sut yn y byd yr aeth petha o chwith, sut ddaru nhw ddarganfod fy nghyfrinach i, difetha'r cynllun. Ond fe fûm inna'n flêr, Gynulleidfa, a wnes i ddim creu cynllun wrth gefn, rhag ofn. Wnes i ddim trefnu drws cefn cyfleus i ddianc trwyddo, os nad oedd y stori'n gweithio. Damia! Damia! Gynulleidfa. Mi ddyliwn i fod wedi blingo bob un ohonyn nhw'n noethlymun i wneud yn siŵr eu bod nhw'n ffit i fod yn fy ffug-chwedl i, yn lle gadael rhywun-rhywun i mewn, a'r rhywun hwnnw'n dechra chwarae tricia. Chwarae tricia arna i, Gynulleidfa, a finna'n ddewin geiria ac yn deall yn union be 'di ffugio, be 'di twyllo. Ond mae'n dda o beth mai Awdur Amryddawn ydw i, am wn i, oherwydd o leia mi allwn weld eironi'r sefyllfa ac mae eirioni'n angenrheidiol i Awdur ac i Artist, ac mi ddwedais i hynny wrthyn nhw hefyd. Do wir. Ond 'dach chi'n gwybod beth wnaethon nhw, Gynulleidfa? Ydach chi'n gwybod beth oedd ganddyn nhw'r wyneb i'w wneud i Awdur Amryddawn, Gynulleidfa? Chwerthin. Dyna be ddaru nhw. Chwerthin yn uchel ac yn afiach a finna heb ddefnyddio owns o hiwmor yn y mater, nac eironi chwaith tasa hi'n dod i hynny, dim ond cyfeirio at yr eironi ac mae hynny'n beth hollol wahanol. Ond dydi'r rhain ddim yn deall hynny, Gynulleidfa, mwy na chitha, am wn i. Chwerthin. Nid dyna oedd eu hymateb nhw i fod. Dylai cymeriadau fihafio i'r Awdur Amryddawn a phan nad ydyn nhw'n gwneud hynny, dwi'n drysu. Drysu'n lân . . . Chwerthin. Chwerthin a'm gadael i yn fa'ma, Gynulleidfa, a dwi'n dal yma yn fy swyddfa newydd sbon, er nad ydi hi mor newydd â hynny erbyn hyn. Ond dydi hi ddim yn ddrwg i gyd yma a dweud y gwir. Ychydig bach yn gyfyng ar brydia efallai, a tydi'r olygfa ddim yr ora' i wirioni Awen Awdur fel finna, ond mi welais waeth, o do, ac mae unrhyw Artist o fri yn gorfod dioddef rhyw gymaint, tydi? Byw mewn tlodi mewn *garret* ym Mharis, Berlin, Prâg neu Ddulyn, neu rwla felly. A dyna'n union yr ydw i'n ei wneud, Annwyl Gynulleidfa, ac o leia mae gen i bapur a phensal, Gynulleidfa, a dyna sy'n bwysig i Awdur fel finna.

Awdur Amryddawn; telerau teg. Cysyllter â bocs rhif deg. (Dim rhif ffôn.)

Lowri Davies

Si hei lwli

Roedd pob yfory yn yfory braf ers talwm. Pan oedd fy myd yn ddim ond bae bychan a'r môr yn siffrwd ei hwiangerdd olaf wrth inni noswylio, yno y gorweddem ein dwy, ochr yn ochr ar fy ngwely clyd, yn gwrando ar y dydd yn dod i ben. Y draethell yn sipian diferion olaf dŵr y môr ar drai cyn iddo gilio ymhell ac arafiad yr wylan ar ei thaith yn ôl i'w nyth a'i hadenydd yn hidlo heli'r awel. Ninnau'n nythu yng ngwres ein gilydd, yn rhannu cynhesrwydd, yn rhannu cof a dyhead dwy. Rhannu gofidiau a chofleidiau gwag gwragedd y byd. Heibio i'r ffenest fechan yn y to byddai'r lleuad yn llithro'n ddiog drwy'r cymylau a ninnau'n syllu. Dim ond syllu. Syllu ar haul y nos yn goleuo llwybrau anwel at freuddwydion i liniaru gofidiau, i lenwi cofleidiau. Yna closio a swatio'n gynnes braf a suo gân mam yn f'anwesu i drwmgwsg braf.

Si hei lwli, gregyn mân
A'ch cân mor dawel heno,
Fe gysga'r môr tan fory nawr
Nes daw y wawr i'ch deffro.

Si hei lwli, wylan fach,
Mae'r môr yn troi am adra,
A'r lleuad wen a'i llwybr clir
Yn g'leuo'th nyth i titha.

Si hei lwli, eneth fach
A'th gwsg mor dawel heno;
Cei gysgu'n sownd tan fory nawr,
Nes daw y môr i'th ddeffro.

Gartra yr âi pawb yn y nos bryd hynny – y môr, y lleuad, yr wylan, gan ysu am gesail gynnes. Gartra yr âi pawb yn fy mreuddwydion hefyd, hyd yn oed ddynion dewr y dŵr. Gartra o bellafoedd dieithr dan eu hwyliau gleision. Gartra'n wroniaid. Gartra'n glodwiw. A gartra y dôi tada pawb bob tro, rhyw ddydd neu nos, rhyw yfory braf. Dod i swatio yng nghlydwch ddoeau cyfarwydd, ddoeau'r cof, ddoeau sy'n codi hiraeth. Gartra, ac arogl ei fôr yn f'anwesu.

Nosweithiau a luniai yfory perffaith oedd holl nosweithiau ddoe, a byddai'r nos i gyd yn disgwyl am yr yfory braf ers talwm.

Ond heno, tonnau harbwr prysur sy'n diasbedain o'm cwmpas. Tonnau'n taro ar waliau oer gan chwalu llwybrau'r lloer yn deilchion mân. Clecian cadwynau ar gerrig llaith a drewdod hen, hen wymon yn mwydo drwy'r tarth. Yn cordeddu'n gyfrwys-gywrain drwy raffau gwlyb mae llygod bolrwth yn blysio hen ysgarthion ac yn ymrafael am bob chwydiad a chachfa. Ond i rwygo'r awyr drom daw sgrechian y gwylanod sy'n rheibio gwaddod cewyll y pysgotwyr, a rhwng y mynd a'r dod mae'r morwyr yn aros. Aros, yna gadael, a'r hiraeth am gael aros yn mwydro'u synhwyrau.

Ym mhellter hen atgofion clywaf lefain straeon gwragedd unig y byd. Hanesion llongwyr coll yn ymchwydd mynwesau rhyw foroedd dieithr. Chwedlau am ferched llawn lliw a'u caneuon yn meddwi chwantau. A hanes y fôr-forwyn dlos sy'n denu morwyr llesg i'w chôl. Gorwedd hon ar ei chraig yn mwytho'i chroen gwyn, hallt. Hanner merch, a syrthni byw rhwng môr a thir wedi trechu'i phwyll. Clyw felltith gwragedd ac ofn cariadon yn cario ar yr awel fain, ond mae'n dal i hudo eneidiau i rwyd ei gwallt gwymon oer. Ai rhith yw'r fôr-forwyn? A lwydda unrhyw un i ddal dynion y dŵr, hyd yn oed yn nhonnau gwyllt rhyw hirwallt hardd?

* * *

Bûm yn hel meddyliau yn rhy hir. Llonyddodd y corff wrth i'r cof garlamu. Nawr mae f'ystlys yn gwbl ddiffrwyth a minnau fel petawn wedi fy hollti ar fy hyd – fel celain waedlyd rhyw greadur ar elor cigydd a'm synhwyrau wedi'u rhwygo i'r pedwar gwynt. Symud bob hyn a hyn rhag i'r gwaed fferru yn fy ngwythiennau. Troi, trosi, ond ni chodaf a cherdded hyd y strydoedd i geisio cynhesu neu bydd rhyw adyn crwydrol arall wedi neidio i'm lle. Neidiwch i'm bedd, pam na wnewch chi! Trof fy mhen i foddi fy wyneb yn y cudynnau melyn budr sy'n obennydd rhwng poen tanllyd fy nghywilydd a ias y llechen las oddi tanaf. Mae'r hiraeth yn fy llethu eto gan ollwng ei ddagrau hallt i lawr fy mochau gwyn a'r rheiny'n cronni ar y garreg.

Waeth heb na digalonni, mae'r orweddfan yn gysgod rhag llafn miniog gwynt y môr. Nid oes raid i mi gyrcydu rhwng sbwriel a charthion cŵn y byd i gipio cyntun sydyn heno. Hawliaf fy nhrothwy bach fy hun, led troed o'r gymysgedd afiach sy'n dew ar hyd y stryd: y baw, y sbwriel, y carthion, y gwellt a'r llwch lli a ddaeth i ganlyn sgidiau'r boblach fu'n mynd a dod fel pryfetach drwy'r dydd, heb sôn am y piso nosweithiol a deflir o'r ffenestri uchel bob bore. Erbyn hyn mae hwnnw'n gymysg â gweddillion y dydd ac wrth i'r ewin o leuad gymryd lle'r haul, mae cysgod du yn cuddio'r cyfan. Caiff pechodau'r dydd eu cuddio yn y tywyllwch, gan ildio'u lle i bechodau'r nos, sy'n drewi'r dref.

Cyfraf fy mendithion. Caea'r gwerthwr craff ei siop cyn awr gollwng y meddwon o'r tai cwrw wedi prynhawniau o lymeitian diddiwedd. Ni arhosant fyth am weddill y nos. Ânt adref i guro gwragedd a phlant. Ac yn y gwyll, wedi i'r siopwr orffen gorchwylion olaf y dydd a throi am adref, ymlwybraf innau at ei ddrws, at lety rhad, cyn gorwedd yn lluddedig ar ei drothwy. Bellach, siopwyr y nos sy'n crwydro'r strydoedd. Maent yn ferw hyd yr harbwr. Treuliant y nos yn chwilota am rhywbeth rhad i'w brynu ac mae'r cynnyrch mor amlwg, yn dew ar hyd y lle.

Yng nghysgodion y nos, wrth iddi gerdded tuag ataf a'i cham yn llawn hyder potel, credwn ar y dechrau mai un o wragedd hirdrwyn yr opera oedd hi, ar ei ffordd i'r theatr neu i barti crand yn un o'r tai bonheddig ar gyrion y dref, yn ddigon pell o'r harbwr a'i wehilion stwrllyd. Ond daw yn nes a gwelaf nad oes ganddi siôl i guddio'i bronnau gwyn ymwthgar na boned daclus am ei phen. Mae popeth ynglyn â hi mor rhad. Ei het fawr, ymffrosgar yn llawn plu parotiaid; esgidiau wedi breuo ac yn fwd a baw i gyd, erioed wedi gweld cwyr na chlwtyn, a'i chrimogau i'w gweld yn glir drwy dyllau ei sanau a'r careiau llac. Tywalltodd ei hun i'w chorset a'i sgert goch ddi-raen a gwisga fenig hirion i guddio'i chleisiau. Hongia sigarèt o'i gwefusau ac mae'r rheiny, fel gweddill ei hwyneb, yn blastar o bowdwr a phaent diwrnodau. Mwgwd i guddio baw, i guddio'i hwyneb euog. Mae hi'n dechrau mwmian. Gallaf arogli'r jin yn dew ar ei hanadl, yn gymysg ag arogl chwerw persawr ddoe.

Na does gen i ddim enw. Ydw, dwi'n union fel y gweddill ohonyn nhw, yn ddi-ddim, yn neb. Ydan, rydan ni'n waeth na'r cachu ar y strydoedd – o leia mae hwnnw'n cael ei olchi ymaith gan y glaw . . .

Chwerthiniad cras ac mae hi'n dechrau canu un o ganeuon aflafar y tai cerdd, gan siglo o'r naill ochr i'r llall dan ddylanwad y gân a'r ddiod. Tafla stwmpyn y sigarèt ar y llawr wrth f'ymyl a'i sathru i ddiffodd y gwreichionyn. Mae hi'n dal i ganu a siglo. Yna, fe dynna botel fechan o blygion ei sgert a chymryd llymaid helaeth. Mae'n dal i siglo. Gwelaf wên radlon, ffug yn lledu ar draws ei hwyneb lliwgar wrth i'r gân dawelu ac mae mwy o eiriau bratiog, gwenieithus y tro hwn, yn llifo dros y gwefusau cochion.

Gwnaf, mi gymera i ddracht o dy ddiod dros y galon, diolch yn fawr. Mi gynhesith fy nhu mewn a chynhesu fy meddwl. Na, fu neb mor garedig â hyn wrtha i ers . . . ers tro byd . . .

Mae hi'n chwerthin eto wrth imi godi ar f'eistedd ac estyn am y botel. Gwelaf slafan felen yn slefr ar hyd ei dannedd, sy'n ddigon i godi pwys, ond cymeraf lymaid chwerw serch hynny i gadw'r cyfog gwag ym mhwll fy stumog.

Fe â'r llymaid yn ddau ac yn dri, ac wrth i'r addewid am chydig o gig a bara a gwydraid o seidr melys o flaen tanllwyth o dân daro clustiau ffôl, codwn ein dwy, fraich ym mraich fel cyfeillion bore oes. I ffwrdd â ni a hynny o bwyll oedd ar ôl ynof innau wedi ei drechu'n llwyr gan yr addewidion gwag.

* * *

Mae 'na ffenest gul mewn wal o frics cochion budr. Ar ochr chwith y ffenest mae pibell ddwr a honno'n goch hefyd, a'r paent yn dechrau plicio. O dan y ffenest, petai rhywun yn craffu'n iawn rhwng y drain a'r mieri, buasent yn gweld blodyn yn gwthio'i ben heibio i'r bibell ac fe allent arogleuo melyster y petalau. Gwyddfid gwyllt yn ddyrnau bach penderfynol sydd yno, yn ymestyn i fyny'r wal fel petai'n crafangio am rywbeth gwell.

Ar du mewn y ffenest mae 'na lenni rhidyllog sydd i fod yn wyn, ond melyn ydyn nhw a'u godrau wedi dechrau llwydo oherwydd y lleithder sy'n diferu i lawr y cwareli bob bore. Mae holl ffenestri'r adeilad yr un fath; fel petaent yn crio. Mae 'na rimynnau o lenni ar y naill ochr hefyd a'r defnydd blodeuog pinc a gwyn yn frau a budr. Ffenest llofft ydi hon. Ffenest stafell wely. Pe bai rhywun yn edrych drwyddi, gallent weld gwely dwbl mawr, derw, a chwilt cartref digon rhacslyd arno. Mae 'na wardrob fawr ddu, wag ychydig fodfeddi oddi wrth droed y gwely a bwlyn gwydr, tew arni. Wrth ei hymyl mae bwrdd a basn 'molchi, a drych mawr y tu cefn iddo. Ar y bwrdd mae hen ornaments wedi cracio yn serennu yn niwl y tywyllwch. Sut yn y byd y llenwa dodrefn mor fawr stafell mor dywyll? Does dim lle i'r dodrefn yn y tywyllwch.

Mae 'na amlinelliad ysgafn, ysgafn ar yr hen bared. Merch ifanc yn eistedd ynghanol y tywyllwch, ar erchwyn y gwely dwbl mawr, gan syllu drwy'r ffenest heb edrych ar ddim byd drwy ei dau lygad glas. Mae hi mor ddel. Croen gwyn, gwyn – bron yn laswyn; gwallt yr haul yn diferu dros siâp ei mynwes a gwefusau sy'n fwy ysgarlad na gwaed. Mae hi mor dlws, yn union fel y gwyddfid.

Ar amrantiad, mae drws y stafell yn agor. Daw mellten o olau i mewn ac i'w chanlyn daw'r wraig hagr, gan siglo o'r naill ochr i'r llall wrth ffug-wenu ar y ferch ifanc. Mae'n troi i edrych yn ei hôl gan weiddi siarad a chwerthin a chyfeirio bys difater i mewn i'r stafell.

I ganlyn y fadam fostfawr daw gŵr budr, sigledig. Cyfeiria'r fadam at y ferch yn swta a chipio ceiniogau o law y gŵr. Yna mae hi'n eu gadael.

Mae arogl heli'r môr a chwrw yn llenwi'r stafell fechan. Mae'r gŵr yn cyffwrdd y ferch ifanc, yn chwerthin yn uchel ac yna'n ei chusanu. Cymera gudyn o'i gwallt a'i gordeddu o amgylch ei fys. Mae'n ei droi yn araf fel rheffyn o wymon llipa ac yn sugno'r gyrlen, a'i dafod yn chwyddo mewn boddhad. Cyffyrdda ei chroen gwyn, gwyn â hen ddwylo cras a'i hanwesu fel cath, a mwytho'i chorff â'i wefusau sur. Mae'n tynhau ei afael a suddo'i ewinedd i'w chnawd, mae'n suddo i'w chnawd ac arogl y môr yn chwyrlïo'n ei phen.

* * *

Gartra yr âi pawb yn y nosweithiau maith yn ôl, yn nosweithiau fy mreuddwydion – y môr, y lleuad, yr wylan . . . gan ysu am gesail gynnes. A hyd yn oed ddynion dewr y dŵr. Gartra yr aent hwythau. Gartra i swatio yng nghlydwch ddoeau cyfarwydd, ddoeau'r cof, ddoeau sy'n codi hiraeth. Gartra, ac arogl euog eu moroedd pell yn anwesu gwragedd, mamau a phlant. Gartra o bellafoedd dieithr dan eu hwyliau gleision. Gartra'n wroniaid. Gartra'n glodwiw.

Nosweithiau a luniai yfory perffaith oedd holl nosweithiau ddoe. Ond heno, mae'r nos i gyd yn disgwyl am ddim ond un yfory braf.

Esyllt Nest Roberts